先生を
めざす
あなたへ

教師・保育者のための カウンセリングの理論と方法

会沢信彦 編著

edited by........ AIZAWA Nobuhiko

COUNSELING THEORY AND
TECHNIQUE FOR TEACHERS
AND NURSERY TEACHERS

北樹出版

は じ め に

中央教育審議会答申「『令和の日本型学校教育』の構築を目指して〜全ての子供たちの可能性を引き出す、個別最適な学びと、協働的な学びの実現〜」（2021 年 1 月 26 日）においては、以下のように、わが国の学校教育の役割が 3 つあると述べられています。

学校の臨時休業に伴う問題や懸念が生じたことにより、学校は、①<u>学習機会と学力を保障する</u>という役割のみならず、②<u>全人的な発達・成長を保障する役割</u>や、③<u>人と安全・安心につながることができる居場所・セーフティネットとして身体的、精神的な健康を保障する</u>という福祉的な役割をも担っていることが再認識された。特に、全人格的な発達・成長の保障、居場所・セーフティネットとしての福祉的な役割は、日本型学校教育の強みであることに留意する必要がある。（丸数字と下線は会沢が加筆）

---

①「学習機会と学力を保障するという役割」の中心は、言うまでなく授業です。②「全人的な発達・成長を保障する役割」を担っているのは、生徒指導、道徳、特別活動などであると思われます。答申では、この②と③「人と安全・安心につながることができる居場所・セーフティネットとして身体的、精神的な健康を保障するという福祉的な役割」こそが、「日本型学校教育の強み」だと述べられています。筆者は、③を学校におけるケア的側面ととらえ、わが国におけるこれからの学校教育においてはとくに重要であると考えています。

一方、保育者の仕事において、ケア（乳幼児に対してのみならず、保護者に対しても）が重要な役割を果たすことは言うまでもありません。

ところで、ケアにはさまざまな側面がありますが、そのなかでも有力な方法のひとつがカウンセリングです。カウンセリングについては、大学における教職課程において、「教育相談（カウンセリングに関する基礎的な知識を含む。）の理論

及び方法」を学ぶことが求められています。しかし、括弧書きで「カウンセリングに関する基礎的な知識を含む。」という表現にとどまっており、教師や保育者に求められるカウンセリングの知識、理論、技法を修得するのに必ずしも十分とは言えません。また、保育士養成課程においては、そもそもカウンセリングについて学ぶ科目は設けられていません。

　そこで、教師・保育者を目指す学生が、それらの職業に就くにあたって最低限理解しておくべきカウンセリングの知識、理論、技法をコンパクトに学ぶことができるよう、本書を企画いたしました。

　大学によっては、教師や保育者を目指す学生を対象に、「教育相談」とは別に「カウンセリング」を開講しています。その担当者の先生には、ぜひテキストとして本書をご活用いただければと願っています。また、「教育相談」や関連する保育士養成科目を担当される先生には、サブテキストとして本書を活用していただければ、学生の学びがいっそう深まることが期待されます。

　お忙しいなかご執筆いただいた著者の先生方、および精力的に編集作業に携わっていただいた北樹出版の福田千晶取締役編集部長に感謝申し上げます。

編者　会沢信彦

目　次

先生を
めざす
あなたへ

教師・保育者のための
カウンセリングの
理論と方法

COUNSELING THEORY AND
TECHNIQUE FOR TEACHERS
AND NURSERY TEACHERS

カウンセリングとは

　読者のみなさんが卒業した中学校、高校（時には小学校にも）にはスクールカウンセラーなる先生がいたと思います。2001年、文部科学省は各都道府県等からの要請をふまえて、全国の公立中学校にスクールカウンセラーを計画的に配置することを目標とした事業を開始しました。

　この事業のおかげで、年を追うごとに、「カウンセラー」「カウンセリング」という言葉が、日本人にとって身近になっていきました。ちなみに、筆者の両親（1930年代生まれ）がこれらの単語を知ったのは、筆者がこのような職業に従事するようになってからだと思います。また、その後も、両親には、カウンセラーがいったい何をする人なのか、明確なイメージはなかったと思います。

　読者のみなさんは、スクールカウンセラーがすでに在勤している学校を卒業しています。ですから、さすがにイメージはもっているでしょう。しかし、具体的に、「カウンセリング」とは何をする活動なのか、正確に説明できる人はそう多くないのではないでしょうか。ひょっとしたら、いくつかの誤解をしている方もいるかもしれません。

　では、これから「カウンセリング」とは何かを説明していきましょう。

第1節　カウンセリングとは

　「カウンセリング」と聞くと、何か特別なものを用いて、何か特殊なことをするイメージをもっている人が多いのではないでしょうか？

　複数の研究者、機関が「カウンセリング（counseling）」をいろいろと定義しています（田所, 2018）。ここでそれら難解な定義をいきなり紹介するのは、本章の目的からやや外れると考えます。今しばらく、それらを脇に置いておいて、素朴に英和辞書から調べてみましょう。プログレッシブ英和中辞典では、

counseling は「相談、協議」と訳されています。実際に、私たちは普段、困った時、悩んだ時など、「第三者に相談する」という行動をよくとっています。では、実際のところ、「日常的にする相談」と「カウンセリング」とはどう違うのでしょう? ちなみに、ウェブスター（Webster's Ninth New Collegiate Dictionary）の辞書で「counseling」を調べてみると、以下のようなことが記載されています。

"professional guidance of the individual by utilizing psychological methods esp. in collecting case history data, using various techniques of the personal interview, and testing interests and aptitudes"

要約すると、「個人史のデータを集めて、個人面接のいろいろな技法を使い、個人の素質や興味を調べるというような心理学的方法を使って個人のために専門的な指導をすること」となります。私たちが日常でよくとる行動としての「相談」とは、随分、趣が違うのがわかります。先にふれた「何か特別なものを用いて、何か特殊なことをするイメージ」となんとなく似ています。上記 Webster の説明文で、「**professional**（専門的な）」、「心理学的な方法を用いる」をカウンセリングと定義しているところが、非常に重要です。つまり、「友だちに相談しました」と言いますが、「友だちにカウンセリングしてもらいました」とは言えないことになります。

先述した田所（2018）は、複数の研究者などのカウンセリングの定義を表に整理しています。上記 Webster の辞書とこれらの違いは、前者は「**guidance**（指導）」とし、後者は「**心理学的な専門的支援過程**」としている点です。現在は、後者の「心理学的な専門的支援過程」という見解が一般的です。

🌱 第2節 ：「カウンセラー」はいつ誕生したか?

「カウンセラー」という職業が存在するようになったのは、つい最近のことです。ジェルソー・フレッツ（2007）によれば、社会的に認められる職業になったのは、1940 年代だと言及しています。先述した Webster の辞書では、

「counseling」は（1915）とはなっています。いずれにしろ、20世紀はじめ〜中頃あたりでしょう。実は、カウンセリングを支えている学問「心理学」自体が、150年ぐらいの歴史しかないものなのです。

　では、「カウンセラー」がいなかった昔は、人々は誰に相談していたのでしょうか。紀元前5世紀頃に書かれた旧約聖書では、賢者の勧めをcounsel、助言者のことをcounselorと記していたそうです（平木，2016）。紀元前5世紀ということは、今から2500年前頃ということになります。

　おそらく人類の歴史が始まって以来、特別なはたらきをする賢者がいたのでしょう。そのような賢者は、長老、僧侶、シャーマン、占い師として、伝統的社会のなかではなくてはならない存在であり、人々からの強い尊敬と畏怖を集めていたのでしょう。学問としての心理学ではなかったものの、「人の心」に非常に精通していた人たちだったと考えられます。

第3節 「科学」としてのカウンセリングとその支援過程

（1）科学としてのカウンセリング

平木（2016）は、次のように記しています。

> 「20世紀の初めにその言葉（カウンセリングのこと）が科学的基礎のある働きとして使われ、以来、その意味と定義、機能は多義的になり、変化してきた。」（p.110）

　ここで、『「科学」としてのカウンセリング』を述べる前に、「科学」とは何かを説明しておきましょう。Oxford Languagesによると、「一定領域の対象を客観的な方法で系統的に研究する活動。また、その成果の内容。特に自然科学を指すことが多い」と説明されています。注目したいのは、「客観的な方法で」という箇所です。「科学」とよく対比されるのが「哲学」です。「哲学」とは、Oxford Languagesによると、「人生・世界、事物の根源のあり方・原理を、

理性によって求めようとする学問」と説明されています。「科学」では「客観的な方法で」と記されていました。が、「哲学」では「理性によって」と記されています。「客観的な方法で」となっていないのです。つまり、「哲学」は「科学」ではないということになります。

　疑似科学というものがあります。科学的根拠のない言説によって人を惑わしたり、科学的装いをしつつ実体がないというようなことです（池内，2008）。「悩んでいる人」「困っている人」などは、心が弱った状態となっています。つまり、疑似科学がつけこみやすい対象になってしまいがちなのです。無人走行シャトルバス、量子コンピュータなど、科学の叡智を結集した夢のような産物が現実味を帯びて語られる現代においてさえ、占いやカルト的な宗教を信じてしまう人が多くいます。弱った心は、つけこまれやすい脆さを有しているからです。ここに、科学としてのカウンセリングの存在価値があるのです。客観的なエビデンス（証拠）によって有効性を検証された知見、技法で展開される「心理学的な専門的支援過程」、それが科学としてのカウンセリングなのです。

　そのために、エビデンス・ベイスト・アプローチ（Evidence-Based Approach）がますます重視されるようになってきています。クライエントたちのさまざまな問題を、実証的にデータを集めて適切に分析をする、その分析に基づいて心理支援が実践されるという展開です（日本心理研修センター，2019）。

(2)心理支援過程

　先述したスクールカウンセラー制度が一般人にまだ知られていなかった頃、筆者は友人に「カウンセラーって何をするの？」とよく聞かれたものです。なかには、「人の心が読めるの？」と聞かれたこともあります。さすがに、スクールカウンセラー制度導入から 20 年近く経って、このような質問をする人はいなくなりました。

　しかしながら、「○○○○で困っています。先生、いいアドバイスをください」と訴えるクライエントは結構います。また、クライエントでなくとも、「カウンセリング＝アドバイスをくれるもの」という認識をしている人は少な

くないと思われます。この「アドバイスをくれるもの」という認識は、先述した Webster の辞書の「guidance（指導）」に類似した考え方です。

　ところが、実際には、カウンセラーは、カウンセリングのなかで、あまりアドバイスを提供することはありません（まったくないわけではありませんが…）。もし、これを読んでいるあなたが、このことを知っているのだとしたら、あなたはカウンセリングの一番基本的な部分を理解している人ということになります。

　1つの例をあげて見ていきましょう。

【事例】小学校5年生　女子児童Bさん
　明るく活発で、友だちからも慕われていたBさん。ですが、5年生になってからあまり元気がありません。友だちともあまり遊ばなくなり、話もしなくなりました。授業も上の空ということがよく見かけられるようになっています。心配した担任の先生は、保護者面談の際、母親にBさんの状況を伝えました。母親から次のようなことが語られました。両親の関係がよくないこと、離婚を考えていること、夫婦の言い争いも頻回になっていることなどです。母親もBさんの変化には気づいており、気にはしていたとのこと。ですが、夫婦のことに一杯一杯で、Bさんのことに手が回らない状態であるとのことでした。担任の先生は、母親の同意を得て、翌日、Bさんにカウンセリングを勧めてみました。

　もし、みなさんがBさんのカウンセラーになったとしたら、どのようなカウンセリングをしたいと思いますか。

　ご両親のことで悩んでいるBさんに、「ご両親のことはご両親にしかわからない。あなたがそんなふうに気にしてもしようがない。元気を出しましょう」とアドバイスするでしょうか。対人援助職を目指している読者の方々ですから、さすがに、これはまったくのナンセンスだということがおわかりだと思います。

　では、「元気を出すことができる方法を教えてあげましょう」はいかがでしょう。これも方向性が違うと感じた読者は多いと思います。

　Bさんにとって、世界でもっとも大事な人間といえば、両親でしょう。その2人が「別れるかもしれない」ということは、Bさんの人生にとって、非常に

大きな心痛、恐怖を感じる出来事です。その大事な両親が言い争うのをそばで見たり聞いたりすることも、Ｂさんにとって耐えがたい苦痛でしょう。日々その出来事で、混乱・動揺するのは当然のことといえるでしょう。そのＢさんに対してこのようなアドバイスは、彼女にとって非常に遠いものとしか映らないでしょう。

では、Ｂさんにどのような心理的支援が可能でしょうか。実は、カウンセリングには多くの理論、技法があります。その主だったものは、次章からのお楽しみです。ここでは、1つだけ述べておくことにします。

たとえば何かでひどく悩んだ時、誰かに相談に乗ってもらったとします。その相談に乗ってくれた人は、一生懸命話を聴いてくれました。しかし、これといってアドバイスをくれたわけではありません。ところが、なぜか気持ちが落ち着き、気力が出てきたという経験はないでしょうか。

これは、たくさんあるカウンセリング技法のひとつ傾聴、受容という方法です。もちろん、カウンセリングの傾聴・受容はこんな簡単なものではありません。トレーニングによって培われる専門的な傾聴・受容です。が、理屈は同じです。私たち人間は、他者に傾聴・受容されると、上記のような心理的効果があることが研究でわかっているのです。

Ｂさんならずとも、「苦しんでいる人」にとって、アドバイスは効果がないことが多いのです。なぜなら、その程度のアドバイスで解決するなら、カウンセリングには来ない人たちだからです。

🌱 第4節 ： カウンセラーとサイコセラピストについて

カウンセラーに類似した言葉で、セラピストという単語を聞いたことがある読者も少なくないと思います。この2つは違うものなのでしょうか。答えは、違うものでもあり、同じものでもあります。その本意は、国によるということなのです。

アメリカやイギリスでは、カウンセラーとサイコセラピストは明確に異なる

職種として位置づけられています。アメリカやイギリスでは、それぞれ博士号取得が必須条件です。もっとも、両国とも、サイコセラピスト（心理療法士）というより、サイコロジスト（心理学者）、クリニカルサイコロジスト（臨床心理学者）として位置づけられています。

　一方、日本ではどうでしょうか。本章の役割を優先し、意を決して、ストレートな表現をお許しいただければ、日本ではカウンセラー、サイコセラピストの区別がほとんどないのが現状です。

　本項目は少々複雑な内容となってしまいました。読者にとって日本のカウンセリング事情を理解するために重要な情報と考え、あえて説明したという次第です。

第5節 ：カウンセリングの方法を教育、保育に活かそう！

　カウンセリング・マインドという言葉があります。和製英語ですが、意味する方向性をよく表現している言葉です。意味は「カウンセラーであるかのように他者に温かく接する」ということです（金原, 2015）。

　教育や保育などの対人援助職を目指す、もしくはその職の現任者が、カウンセリングを学ぶことで、その対人援助活動がより効果的なものになることが多くの研究でわかっています。対人援助活動の対象者の成長や適応力をより促進させることができるのです。

（宮崎　圭子）

〈引用・参考文献〉

ジェルソー, C.L.・フレッツ, B.R.　清水里美（訳）2007　カウンセリング心理学　ブレーン出版

平木典子　2016　カウンセリング心理士の資格をめぐって——資格検討委員会報告——　カウンセリング研究　49（2）　pp.108-122.

池内了　2008　疑似科学入門　岩波書店

金原俊輔　2015　カウンセリング・マインドという概念および態度が日本の生徒指導や教育

相談へ与えた影響　長崎ウエスレヤン大学地域総合研究所研究紀要　13(1)　1-12.

日本心理研修センター（監修）　2019　公認心理師　現任者講習会テキスト［改訂版］　金剛出版

田所摂寿　2018　専門職であるカウンセラーとしてのアイデンティティの構築──カウンセリングの歴史と定義の変遷──　作大論集　8　pp.49-63.

〈読者のための読書案内〉

＊平木典子『マンガでやさしくわかるカウンセリング──「心を支援する」とは、どういうことか？──』日本能率協会マネジメントセンター、2020 年：カウンセリングのプロセスと支援方法が、マンガでストーリー仕たてとなっています。カウンセリングを活用したい人のための入門書としてはうってつけの書。

＊岩壁茂（監修）『完全カラー図解 よくわかる臨床心理学』　ナツメ社、2020 年：臨床心理学の基礎から最新方法までがカラー図解で説明されています。プロローグで、医療領域、教育領域、福祉領域で働く心理職の 1 日が描かれています。

＊菊池聡『なぜ疑似科学を信じるのか──思い込みが生みだすニセの科学──』化学同人、2012 年：現れては消える数々の疑似科学。私たちに潜んでいる疑似科学を信じてしまう「誤信念」の革新に迫る。血液型性格学、マインドコントロールなどが検討されています。

カウンセリングの技法

第1節 ： 教育相談の実践とカウンセリングの技法

　教師や保育者としての情熱をもち、子供や保護者を思いやる気持ちがあったとしても、交わす言葉や態度などが適切でなければ、望ましい相談は成立しません。また、とくに学校での相談の場合は面接時間が限られることが多く、時間内に有意義な話しあいを行うためにもコミュニケーションスキルを意識することは有効です。そこで、教師や保育士を志すみなさんもカウンセリングの技法を理解することで、教育相談を効果的に実践できるように体験的に学んでいきましょう。

第2節 ： 非言語的技法

　相談の場面では、言語の内容以外からも、クライエントのさまざまな心情を理解することができます。たとえば、視線や身ぶりなどのような、行動の特徴などがあげられます。これらは、一義的に心情を特定できるものではありませんが、なんらかの心情の変化を察することができます。

(1)視線について考えてみよう

　一般的にカウンセリングでは、クライエントは、自分の思いや悩みなどを思い出しながら、うまくカウンセラーに伝えられるように、言葉を選び、発話文を組み立てようとします。その状況を考えると、カウンセラーにはクライエントの思いがうまく言葉にできるように、「待つ」かかわりが求められます。
　たとえば、カウンセリングの場面ではカウンセラー、クライエントいずれの立場でも「目が合う」と安心する、と考える人が多いと思います。しかし、本

当に相談相手とずっと目を合わせながら話ができるものなのでしょうか。

　【ワーク】隣の席の人と「1分間自己紹介」をやってみましょう。
　まずは、隣の人と対面で座ってみましょう。そこで、じゃんけんをして勝った方がはじめに1分間相手の目をしっかり見て自己紹介をしてみてください。負けた方は、相手の目をそらさずにしっかりと見て自己紹介を聞いてみましょう。そして1分間たったら、今度は役割を交代してみましょう。

　いかがでしょう。安心感よりも、むしろ強い圧迫感を感じた人が多いのではないでしょうか。一般的に、会話のなかで目が合うタイミングというものを考えてみると、「確認をする」「同意を得る」「訴えたい気持ちを伝える」「いったん時間をとりたい」など、そこに何かの意図を含んでいる場合が多いものです。
　また、「視線がまったく合わない」、または「合いすぎる」時にも、なんらかの意図があるものと考えられます。たとえば、まったく視線が合わない時は、「拒否感」「不信感」などが考えられますし、合いすぎてしまう時には、「不安感」「依存心」なども想像できます。もちろん、これらには癖や個人差もありますから、相談を受け続けるなかで、「何かいつもと違うな」という変化に気づくことが大切です。

(2)表情について考えてみよう

　表情の種類には、愛、幸福、楽しさ、驚き、苦しみ、おそれ、怒り、決心、嫌悪、軽蔑などがあります。人が悲しそうな表情をしている時、その悲しい気持ちに気づいてほしいというサインかもしれません。カウンセラーは、クライエントの表情に気づき気持ちを理解することはもちろんのこと、自分の気持ちを表情で相手に伝えることができなければなりません。心と一致した表情ができるようにしましょう。また、無表情だったり自分の心の慌ただしさが表情に現れたりしていないか、鏡でチェックしてみるとよいかもしれません。

(3)ジェスチャーについて考えてみよう

　ジェスチャーとは、しぐさ、身ぶり、身体接触などを含みます。クライエントの話を聞く際、熱意のある態度を実現するためには、うなずくというジェスチャーが重要になってきます。日常会話のなかでは、自然とうなずきながら聞いていると思いますが、このうなずきは、クライエントの話に興味や関心をもっていることを示し、クライエントの話を促す効果があります。反対に、話を聞く時にしてはいけないジェスチャーとは、たとえば、貧乏ゆすりがあげられます。無意識のうちに現れる固着行動の一種ですが、クライエントの話をせかしているように受け取られたり、イライラしているように思われたりすることになります。

(4)姿勢について考えてみよう

　姿勢とは、動きのない身体行動を指し、座り方、手の置き方、腕の組み方などを含みます。無防衛で熱意のある態度を実現するためには、後傾姿勢よりも前傾姿勢で、手はポケットに入れず、腕組みなどしないで、クライエントの話を聞くようにします。後傾姿勢や腕組みは、クライエントの話に対して興味や関心がなく、心を閉ざしているように受け取られがちです。また、手をポケットに入れるという態度は、自信がない、本心を知られたくないなどの気持ちの現れだといわれています。

　【ワーク】ジェスチャーと姿勢を組み合わせた演習
　２人１組となり、話し手と聞き手を決めます。話し手は自分の興味のあることについて話をしてください。聞き手は話を聞く際に、次の態度をしてみましょう。①腕組みをし、後傾姿勢で話を聞く（１分）。②うなずきながら、前傾姿勢で聞く（２分）。役割を交代し、終わったら感想を述べあってみます。
　どちらの姿勢やジェスチャーが話しやすかったでしょうか。

第3節 ： 受容・共感

(1)受　　容

　受容とは、自分の価値観を脇に置いて、相手をあるがままに受け入れること
です。保護者のなかには、過保護で子供を甘やかし、何でも買い与える人がい
るかもしれません。そのような保護者に対して、あなたの価値観では、間違っ
た子育てをしている親だと思うかもしれません。しかし、カウンセリングにお
いて、クライエントに対しての「良い・悪い」という評価は、援助の妨げにな
ります。クライエントに対し「あなたの子育ては悪い」と思っていたら、態度
に現れてしまい、クライエントは受け入れてもらっていないと感じたり、押し
つけがましいと感じたりして、心を開くことができなくなります。まずは、よ
くクライエントの考え方を聞いてみましょう。子供への接し方がわからなくて、
物を買い与えることが愛情だと思い込んでいるのかもしれません。クライエン
トをあるがままに受け入れるところから始めましょう。

(2)共　　感

　クライエントの感情につきあう温かい態度を「**共感の態度**」といいます。ま
ず、クライエントが抱いている感情を正確に把握し、その感情を理解している
ことをクライエントに伝えていく技法です。クライエントの感情を正確に把握
するためには、クライエントが語った言葉だけでなく、視線、表情などからも
総合的に観察して、クライエントの感情を把握する必要があります。次に、把
握した感情の種類と程度を明確にします。たとえば、悲しい感情でも、少し悲
しい、悲しいなど、さまざまな悲しさがあります。そして、最後の段階では明
確になったクライエントの快・不快の種類と程度を、平易で自然な言葉に置き
換えてクライエントに伝えます。

　たとえば、母親が「子供が言うことを聞かないとすぐに怒ってしまって、気
づいたら子供が泣いていて、そんな時は自己嫌悪でしばらく何も手につきませ
ん」と言った場合、「自分のことを嫌だと思っているのですね」と自然な言葉

で表現した方が、効果的にクライエントに伝わりやすくなります。また、不登校傾向の子供が「先生、今日は1時間だけ教室で授業を受けることができたよ。だから、すごく嬉しくて」と言ってきた場合、「勇気を出して教室に入ることができたから、自信が出てきて嬉しいんだね」と子供と喜びを共有し、快の感情への共感を伝えることで信頼関係も深まっていきます。

　【ワーク】受容と共感の技法の演習
　2人1組になり、話し手と聞き手を決めます。話し手は、最近あった嫌な出来事を話します。嫌な出来事の原因になった人や物について強調して話してください。聞き手は、話し手が嫌な出来事に対して悪口を言ったとしても、自分の価値観を脇に置き、批判せずにあるがままに受け止めながら聞きます（受容）。そして、相手の感情の種類と程度を把握してわかりやすい言葉で相手に伝えます（共感）。終了後、話し手は聞き手に感想を述べます。感想を伝えたら役割を交代しましょう。

第4節　反　映　技　法

　反映技法は、クライエントの発話を受け止める、いわば応答の技術です。カウンセラーが適切な応答の態度を示すことができれば、クライエントの発話意欲や、問題解決への意欲の向上につながり、さらに、信頼関係を高めることもできます。

　ここでは、反映技法の例を具体的に紹介していきますが、読み進めていくなかで、「これは常識的な対応で、意識する必要などないのではないか」と感じる方も出てくるかもしれません。しかし、気をつけてほしいのは、それが「適切な応答の態度なのかどうか」を決めるのは自分ではなく、あくまでもクライエントだということです。たとえば、自分がきちんと対応しているつもりでも、クライエントにはぶっきらぼうに聞こえることもありえます。日頃から、友だちに見てもらうなど、自分の応答（態度）を意識することも大切です。

（1）最小限の励まし

　多くは、「うなずき」「あいづち」に相当します。クライエントの発話に対し、カウンセラーが適切にうなずくことによって、クライエントは話を続けやすくなります。また、うなずきの表現によって、内省を促したり（たとえば、「う〜〜ん」）、詳細な説明を求めたりする（『んっ？』）ことに至ることもあります。ただし、以下のようなこともありえますので、注意してください。

　①うなずきが多い→圧迫感、懐疑的（例：本当にわかっているのかな）
　②うなずきが少ない→不安感、ぞんざいな態度（例：ちゃんと聞いているのかな）
　③不適切なうなずき→不信感、信頼関係の喪失

（2）伝え返し（リフレクション）

　クライエントの発話に対して、その行動に伴う感情を理解し、そこに応答する技法です。たとえば、「昨日、King & Prince のコンサートのチケットを買っていたのに、ゼミの時間が長引いて行けなかったんですよ」という発話に対して、「それは悔しかったね」というような応答です。クライエントの感情を的確に把握し、それを伝え返すことで、共感性の高まりが期待できます。

　【ワーク】感情語を言い当ててみましょう
　2人1組になってください。まず、お互いに見せないようにして、最近あったエピソードを3つ書き出し、さらにそれに対応する感情語を書きます（例：嵐の活動休止前最後のコンサートがライブ配信になってしまった→「悲しい」）。じゃんけんをして勝った方から1つエピソードを紹介します。これに対して、負けた方は、相手が書いている感情語を当ててみます（例：その言葉は「悔しかった」ですね）。

（3）くり返しの技法

　クライエントの発話のなかから、重要と考えるキーワードを見出し、それを伝え返す技法です。この技法を使うことによって受容・共感などの援助的な態度を実現することができます。カウンセラーがしっかりとクライエントの話を聞いていることの表明にもなりますし、クライエント自身の思考の整理を支援

することにもつながります。以下留意点です。

・クライエントが話した言葉を一語一句ものまねのようにくり返さない。

・クライエントの言葉を専門用語などの難しい言葉に置き換えない。

・**くり返し**を使いすぎず、重要と思われる部分だけをくり返す。

　自分の自然な言葉に置き換えて、最後に「〜ですね」と言葉をつけ加え、「悲しい気持ちなのですね」などと返してみます。

(4)明確化の技法

　明確化とは、クライエントが伝えたい内容を、クライエントに代わって先取りして明確な言葉で表現する技法です。たとえば、保護者が「先生はお子さんを厳しく叱ったことがありますか」と尋ねてきたら、簡単な返事のあと、「お子さんへのしつけが気になっているのですか？」と返します。クライエントが言葉でうまく表現できない部分やぼんやりとしか意識していなかったことへの気づきを深めることができます。言葉を探すことができずに発言できないでいる場合はクライエントが言いたいと思っている言葉を先取り（明確化）することで、クライエントの発言を助けることができます。

　クライエントとのあいだに**信頼関係**が形成されていない段階で使用すると、クライエントが心を閉ざし、心理的抵抗を感じてしまうことがあるので、慎重に使うことが求められます。

第5節　質問技法

　質問技法とは、文字通りクライエントに対して尋ねる技法で、「**閉ざされた質問**」と「**開かれた質問**」の2つのタイプがあります。閉ざされた質問は、「はい」か「いいえ」のいずれかで答えることをクライエントに期待する質問で、開かれた質問は、自由な言葉で答えることをクライエントに期待する質問です。何を（What）、誰が（Who）、どこで（Where）、いつ（When）、なぜ、（Why）どのように（How）、などの5W1Hの疑問詞を使う質問方法です。

たとえば、母親から「子供が自分になつかない」という相談を受けたとします。そこで、「お子さんがなつかないのはいつもですか？（閉ざされた質問）」と尋ね、「いいえ」という答えがあれば、「では、どんな時お子さんはなついてきますか？（開かれた質問）」と聞きます。子供がなつかないと悩んでいても、たとえば、絵本を読む時は笑顔で喜んでいるということであれば、状況理解が促進されたということになります。

　開かれた質問は、自分の問題を自分自身で考えて表現する自由が与えられますが、なかなか自分の言葉で表現することができない状況にある人や信頼関係がない相手に対しては、閉ざされた質問の方が良い場合があります。たとえば、相談室に緊張して来室した子供に対しては、「先生に連れてきてもらったの？」「年長さんですか？」など、閉ざされた質問の方が答えやすいものです。しかし、閉ざされた質問だけでは堅苦しい問診票のような質問内容になってしまいますので、様子を見ながら「保育園ではどんな遊びをしているの？」などの開かれた質問をすると良いでしょう。このように、閉ざされた質問と開かれた質問をうまく組み合わせるようにしていくことが望まれます。留意点は、①思いつきで質問しない、②自分の好奇心で質問しない、③プライバシーにふれる質問をしない、の３点です。

第6節 自己開示

　カウンセラーが、自分の思いや考えをオープンにすることを**自己開示**といいます。たとえば、カウンセリング場面で話題になっていることについて、自分の経験談などを語るのもその一つです。「実は、私の子供の頃……」などと、自分のエピソードを話してみます。すると、悩み苦しんでいたクライエントが、「なんだ、自分だけではないんだ」「自分の気持ちを理解してくれる人もいるんだ」と感じることができ、親近感や救われた気持ちなどが生じることも期待できます。

　ただし、「自己開示」が、その状況で本当に適切な技法なのかを考えるよう

にしてください。たとえば、クライエントが話すことを恥ずかしがっている、ためらっている時に、安心してもらうために使用する、というのであれば有効といえます。カウンセリングは、あくまでもクライエントの問題解決が第一であって、カウンセラーの過去を語る場ではありません。ベテラン教師になるほど、自己開示を使う傾向が高まるともいわれています。「今、自己開示が本当にクライエントのためになるのか」をよく考えて、適切に使用するようにしましょう。

（杉山　雅宏）

〈引用・参考文献〉

春日井敏之・伊藤美奈子（編）　2011　よくわかる教育相談　ミネルヴァ書房

向後礼子・山本智子　2014　ロールプレイで学ぶ　教育相談ワークブック　子どもの育ちを支える　ミネルヴァ書房

森岡正芳（編）　2012　カウンセリングと教育相談　具体事例を通して理解する　あいり出版

桜井美加・齋藤ユリ・森平直子　2019　教育相談ワークブック［改訂版］——子どもを育む人になるために——　北樹出版

〈読者のための読書案内〉

＊大谷彰『カウンセリングテクニック入門』二瓶社、2004 年：カウンセリングの基本的な 13 の技法について論理的な説明をし、それらの一つひとつに複数の応用例を示しています。

＊玉瀬耕治『カウンセリングの技法を学ぶ』有斐閣、2008 年：マイクロカウンセリングの考え方をふまえつつ、技法を一つひとつ学べるように段階的に構成された実習書です。

＊諸富祥彦『新しいカウンセリングの技法：カウンセリングのプロセスと具体的な進め方』誠信書房、2014 年：カウンセリングにおけるさまざまな技法がもっとも効果を発揮するのはどこなのか、技術の効果を引き出すために具体的にどうすればよいのかをわかりやすく解説しています。

学校教育とカウンセリング

第1節 学校教育におけるカウンセリング

(1) 学習指導要領のなかの「カウンセリング」

　平成 29（2017）年に告示された小学校学習指導要領（文部科学省, 2018a）には、「**児童の発達の支援**」として、児童の発達を支える指導の充実と、特別な配慮を必要とする児童（障害のある児童、海外から帰国した児童、日本語の習得に困難のある児童、不登校の児童など）への指導に関して書かれています。そして、「**カウンセリング**」という言葉が登場します。

小学校学習指導要領（平成 29 年告示）

第 1 章総則　第 4　児童の発達の支援　1　児童の発達を支える指導の充実

(1) 学習や生活の基盤として、教師と児童との信頼関係及び児童相互のよりよい人間関係を育てるため、日頃から学級経営の充実を図ること。また、主に集団の場面で必要な指導や援助を行うガイダンスと、個々の児童の多様な実態を踏まえ、一人一人が抱える課題に個別に対応した指導を行うカウンセリングの双方により、児童の発達を支援すること。

　あわせて、小学校の低学年、中学年、高学年の学年の時期の特長を生かした指導の工夫を行うこと。

小学校学習指導要領（平成 29 年告示）

第 6 章特別活動　第 3　指導計画の作成と内容の取扱い　2

(3) 学校生活への適応や人間関係の形成などについては、主に集団の場面で必要な指導や援助を行うガイダンスと、個々の児童の多様な実態を踏まえ、一人一人が抱える課題に個別に対応した指導を行うカウンセリング（教育相談を含む。）の双方の趣旨を踏まえて指導を行うこと。特に入学当初や各学年のはじめにおいては、個々の児童が学校生活に適応するとともに、希望や目標をもって生活できる

よう工夫すること。あわせて、児童の家庭との連絡を密にすること。

　これらの記載をふまえ、一般的なカウンセリングの理論をおさえつつ、「学校教育における」カウンセリングの特徴を知ることが重要です。

（2）ガイダンスとカウンセリング

　ガイダンスとカウンセリングは児童の発達の支援のためのものであり、課題解決のための指導・援助の両輪であるとされます。それぞれについて、以下のように説明されています（文部科学省，2018c）。

小学校学習指導要領解説　特別活動編　第4章第2節　内容の取扱いについての配慮事項　3　ガイダンスとカウンセリングの趣旨を踏まえた指導を図る

ア　ガイダンス　　ガイダンスは、児童のよりよい生活づくりや集団の形成に関わる、主に集団の場面で行われる案内や説明であり、ガイダンスの機能とは、そのような案内や説明等を基に、児童一人一人の可能性を最大限に発揮できるような働きかけ、すなわち、ガイダンスの目的を達成するための指導・援助を意味するものである。

　具体的には、児童の学級・学校生活への適応やよりよい人間関係の形成などに関して、教師が児童や学級の実態に応じて、計画的、組織的に行う情報提供や案内、説明及びそれらに基づいて行われる学習や活動などを通して、課題等の解決・解消を図ることができるようになることである。（後略）

イ　カウンセリング　　学校におけるカウンセリングは、児童一人一人の生活や人間関係などに関する悩みや迷いなどを受け止め、自己の可能性や適性についての自覚を深めさせたり、適切な情報を提供したりしながら、児童が自らの意志と責任で選択、決定することができるようにするための助言等を、個別に行う教育活動である。児童一人一人の発達を支援するためには、個別の指導を適切に行うことが大切であり、児童に関する幅広い情報の収集と多面的な理解、教師と児童の信頼関係の構築に極めて有効である。

　特別活動におけるカウンセリングとは専門家に委ねることや面接や面談のことではなく、教師が日頃行う意識的な対話や言葉掛けのことである。

以上より、学校教育におけるカウンセリングとは教育相談を含み、教師が個別の児童に対して行うものです。特別活動におけるカウンセリングには、相談室で個別に悩みを相談することと、日頃行う意識的な対話や言葉かけの両方が含まれます。つまり、日頃の児童とのかかわり全般において「カウンセリング」の意識が必要であるといえるでしょう。

　なお、カウンセリングでは個々の児童の多様な実態、課題、背景などを把握すること、早期発見・早期対応に留意すること、スクールカウンセラーや関係機関等との連携などに配慮することが必要です（文部科学省，2018b）。

🌱 第2節　生徒指導・キャリア教育・教育相談とカウンセリング

(1)生徒指導とカウンセリング

　生徒指導は一人ひとりの児童の人格を尊重し、個性の伸長を図りながら、社会的資質や行動力を高めるように指導、援助するものです。学校には児童理解を深め、学習指導と関連づけながら、生徒指導の充実を図ることが求められています（文部科学省，2018b）。

　生徒指導の基盤は児童理解の深化であり、教師が日頃からきめ細かい観察や面接を行い、他の教職員からの情報も得て多面的・総合的に児童を理解することが大切です。また、不安や悲しみなどの内面に共感的理解をもって児童理解を深めます（文部科学省，2018b）。この姿勢はカウンセリングと重なります。

(2)キャリア教育とカウンセリング

　キャリア教育とは、児童に学校で学ぶことと社会との接続を意識させ、一人ひとりの社会的・職業的自立に向けて必要な基盤となる資質・能力を育み、キャリア発達を促すことです。小学校のキャリア教育は特別活動の学級活動を要としながら、総合的な学習の時間、学校行事、道徳や各教科における学習、個別指導としての教育相談等の機会を活かしつつ、学校の教育活動全体を通じて行うものとされます（文部科学省，2018b）。

キャリア教育では将来の自己実現に向けて、主体的な意思決定が大切にされます。学校教育におけるカウンセリングでも児童の意志と責任を伴った自己選択・自己決定が重視されており、キャリア教育を具体的に進める上でカウンセリングの視点や技法は欠かせません。

(3)教育相談とカウンセリング

学校の教育活動のなかでカウンセリングともっとも相性がよいのは教育相談でしょう。**教育相談**は、学校生活に関わるさまざまな能力の基礎部分ともいえる、心の成長を支えることを目的とする**開発的（発達促進的）教育相談**、問題状況を未然に防ぐことを目的とする**予防的教育相談**、すでに生じている問題状況の解決を目指す**問題解決的（治療的）教育相談**に分類されます（文部科学省，2010）。開発的教育相談、予防的教育相談は主に集団（全校児童、学年、学級など）を対象に実施されることが多く、問題解決的教育相談は不登校やいじめ被害、被虐待など個別の問題状況にある児童を対象にします。

第3節　学習指導とカウンセリング

教師は児童一人ひとりの特性を十分把握し、指導の改善を図り、学習指導をいっそう充実させることが求められます（文部科学省，2018b）。つまり、学習指導においては授業時の児童の様子を観察したり、提出物を確認したりしながら児童理解を深めることが重要となります。この点において、教師のカウンセリングの態度が活かされます。

授業時に教師が行う具体的な援助は**ソーシャルサポート**と呼ばれ、表3-1に示す4種類があります（茨城県教育研修センター，2000）。教師の日頃の授業時の児童への言葉かけをカウンセリングの点からとらえると、児童の授業時の内面理解に基づいて、児童が自己をよりよく発揮するためにこれらの4種類のソーシャルサポートを行うことが重要です。

表3-1　授業における4種類のソーシャルサポート（茨城県教育研修センター（2000）をもとに作成）

種類	内容	具体例
情緒的サポート	児童生徒を安心させ勇気づけることで、伸び伸びと積極的に活動することを目指す	・失敗した時に「大丈夫だよ」と声をかける ・児童生徒の発言を大切に聞き、取り上げる
情報的サポート	児童生徒の知りたい情報を正確に把握し、必要に応じて提供することで学習意欲を高めることを目指す	・授業で指名して答えられない時にヒントを出す ・学習の仕方を教える
評価的サポート	学習の結果を知らせることで、児童生徒が自分自身で学習行動を修正、発展させることを目指す	・「発表がわかりやすい」と声をかける ・行動を評価し、児童生徒自身（人格）は評価しない
道具的サポート	具体的、実際的な支援を行い、児童生徒が意欲的・積極的に授業に取り組めることを目指す	・教具としてのヒントカードなどを提供する ・学習形態、座席、環境を調整する

 ## 第4節　児童の発達をふまえたカウンセリング

（1）幼小接続とカウンセリング

　幼小接続について、幼稚園教育要領（文部科学省，2017）と小学校学習指導要領（文部科学省，2018a）にそれぞれ次のように書かれています。

幼稚園教育要領（平成29年告示）

第1章総則　　第3　教育課程の役割と編成等　　5　小学校教育との接続に当たっての留意事項

　（2）幼稚園教育において育まれた資質・能力を踏まえ、小学校教育が円滑に行われるよう、小学校の教師との意見交換や合同の研究の機会などを設け、「幼児期の終わりまでに育ってほしい姿」を共有するなど連携を図り、幼稚園教育と小学校教育との円滑な接続を図るよう努めるものとする。

小学校学習指導要領（平成29年告示）

第1章総則　　第2　教育課程の編成　　4　学校段階等間の接続

　教育課程の編成に当たっては、次の事項に配慮しながら、学校段階等間の接続を図るものとする。

> （1）　幼児期の終わりまでに育ってほしい姿を踏まえた指導を工夫することにより、幼稚園教育要領等に基づく幼児期の教育を通して育まれた資質・能力を踏まえて教育活動を実施し、児童が主体的に自己を発揮しながら学びに向かうことが可能となるようにすること。（後略）

　小学校では、幼児期の資質・能力の具体的な現れ方である**幼児期の終わりまでに育ってほしい姿**（10の姿）（文部科学省, 2017）の点から一人ひとりの発達をとらえ、小学校生活で資質・能力をさらに伸ばしていくことが大切です。そのためには教師が児童と話したり一緒に活動したりしながら児童の良さや可能性をとらえ、内在する資質・能力の育ちを把握することが欠かせません。とくに入学して間もない1年生が学校生活に無理なく自己を発揮していくためにも、学校教育におけるカウンセリングの態度やかかわりが必要となります。

（2）学年の特長を活かしたカウンセリング

　文部科学省（2018b）が示す低学年、中学年、高学年の発達の特長と指導の工夫（表3-2）は、カウンセリングを行う際にも意識したいところです。たとえば人間関係の葛藤（子供同士で解決できないけんかや言い争い、いがみ合い）であれば、教師が両者のあいだに入ってお互いの思いに気づけるように話を聞くことが重要です。低学年から中学年のあいだは「こうすれば仲直りできるんだ」という具体的な解決策を教えるかかわりが多くなるでしょう。中学年から高学年にかけては内省する力の高まりやこれまでの小学校生活での経験をふまえて、解決の方法をみずから考え実行することを支援するかかわりに比重が移っていきます。このように子供の発達段階や子供の経験をふまえ、一人ひとりの発達過程の個人差も考慮しながらカウンセリングを行います。

表3-2　低学年、中学年、高学年の発達の特長と指導の工夫の視点 （文部科学省（2018b）をもとに作成）

学年	発達の特長	指導の工夫の視点
低学年	・しなければならないことができるようになる ・他児の立場を認め理解する能力が徐々に発達する ・善悪の判断は教師や保護者の影響が強い	行ってよいことと悪いことの区別を自覚し、社会生活上の決まりが定着するようにくり返し指導する
中学年	・社会的な活動範囲が広がる ・地域の施設や行事、自然等への興味・関心が高まる ・ある程度反省しながら行為の善悪を認識できる	内省できる力を獲得し、自分の特徴を自覚し、よい所を伸ばそうとする意識を高めるように指導する
高学年	・相手の立場で人を思いやる共感能力が発達する ・自分の行為を自分の判断で決定しようとする ・責任感が強くなり、批判的な能力が備わる	自律的な傾向を適切に育てるように配慮すると同時に、生徒指導上の課題等の早期化をふまえ、中学校からではなく、この時期から対応する必要がある

🌱 第5節 ┊ みずから相談しない児童へのカウンセリング

　一般的なカウンセリングでは相談したい人が予約をとってカウンセリングを受けに行きます。一方で、学校で教師が行うカウンセリングの場合、学校にはとくに悩みを抱えていない児童や相談を求める児童が混在しており、時には教師の方から呼び出して面接をすることもあります。

　カウンセリングでは児童の悩みや迷いの受容が大切ですが、児童に限らず人間は悩みを抱えていながらもみずから相談しないことがあります。そのため、教師は子供から相談されなくても日頃の観察や面接を通して悩みに気づき、指導・援助します。しかし、教師がある児童の悩みに気づいて相談を持ちかけた時に、「困ってない」「別にいい」と、児童から相談を拒否されることがあります。

　悩みの相談に関する心理は**援助要請**と呼ばれます。教師からは「指導・援助が個別に必要だ」と判断される児童でも、自分から相談しない心理の背景には、「困っていない」（本人に問題意識が乏しい）、「助けてほしいと思わない」（他者を頼ったり、力を借りたりしようとしない）、「『助けて』と言えない」（助けてほしいが言い出せない）の3つがあります（本田，2015a）。みずから相談しない児童に出会っ

た時、教師はその悩みや迷いに気づき、さらに、自発的な相談に至らない児童の心理をこれら３点から共感的に理解し、相談しない心理に配慮したカウンセリングを行うことが大切です。さらに、すべての子供が悩んだ時に教師に相談しやすい学校環境や教育相談体制を整えることも必要です。

（本田　真大）

〈引用・参考文献〉

本田真大　2015　援助要請のカウンセリング——「助けて」と言えない子どもと親への援助——　金子書房

茨城県教育研修センター　2000　児童の自己実現を援助する学校教育相談の在り方　http://www2.center.ibk.ed.jp/contents/kenkyuu/houkoku/data/037/index.htm　（2020 年 12 月 19 日閲覧）

文部科学省　2010　生徒指導提要

文部科学省　2017　幼稚園教育要領　フレーベル館

文部科学省　2018a　小学校学習指導要領　東洋館出版社

文部科学省　2018b　小学校学習指導要領解説　総則編　東洋館出版社

文部科学省　2018c　小学校学習指導要領解説　特別活動編　東洋館出版社

〈読者のための読書案内〉

＊半田一郎『一瞬で良い変化を起こす 10 秒・30 秒・3 分カウンセリング——すべての教師とスクールカウンセラーのために——』ほんの森出版、2017 年：日常のさまざまな場面で、かつ短時間での子供や保護者とのかかわりのなかで実践できるカウンセリングを解説しています。

＊本田真大『いじめに対する援助要請のカウンセリング——「助けて」が言える子ども、「助けて」に気づける援助者になるために——』金子書房、2017 年：いじめの被害者と傍観者が相談しやすいカウンセリングを具体的に解説しています。

＊半田一郎（編）『スクールカウンセラーと教師のための「チーム学校」入門』日本評論社、2020 年：スクールカウンセラーによる学校教育のなかでのカウンセリングを具体的に解説しています。

幼児教育・保育とカウンセリング

第1節 求められる「子育て支援」

(1) 保育カウンセリングに求められること

　近年の子育て世帯は、核家族化や貧困、共働き家庭の増加により、子育ての状況に変化がみられます。また人間関係の希薄化により子育ての孤立や育児不安を抱く人が増加しており、虐待や少子化などの大きな社会問題となっています。

　平成29（2017）年「認定こども園教育・保育要領」、「保育所保育指針」、「幼稚園教育要領」が改正され、30（2018）年より施行されました。それには、園児の保護者や地域に住む保護者に対する「**子育て支援**」の重要性が述べられています。私たちは、乳幼児期における子育て支援が社会から強く求められていることを認識し、保護者とともに子育ての喜びを感じられる子育てのパートナーとなることが求められています。

(2) 子育てのパートナーとして～親育て、子育ち～

　「子供を育む」ということは、まずは「親の安定した子育て」を支援することから始まります。とくに母親の精神衛生は無視できず、親としてのかかわり方が見出せない不安や、発達を客観的にとらえられず、相乗的に親子の不安が増幅する場合は、保育者は積極的に介入し、保護者が安心して子育てができる環境調整に協力します。保育者の手厚い支援が、親としての適切なかかわり方を育て、子育て環境の改善により、子供はおのずと健やかに育っていきます。

① 短いカウンセリングで信頼関係を築く

　「今日は、助け鬼をして、勇敢にお友だちを助けに行ったのですよ」、「今日のお散歩は、はじめて最後まで自力で歩いたのですよ」。保護者は、園での子供の様子を聞くことを楽しみにしているものです。保育者から様子を聞き、知

27

らなかった子供の一面や成長がわかり、保育者が子供の様子をよく見ていてくれるという安心感や信頼関係の構築にもつながります。

　まずはお迎えの時間やお便り帳を有効に活用します。どんなに小さなことでも躊躇なく相談してみようと思える、日頃の短いカウンセリングの積み重ねが、保護者にとって子育ての伴走者がいる心強さに変わっていきます。

② 保育者の機転で子供を「愛され上手」にする

　保育者「今日は、折り紙を折って遊びました。ママに折ってあげるんだと、Kくんはとてもはりきっていましたよ」母親「まぁ、嬉しい。ママに折ってくれるの？」K「（笑顔で）うん、いいよ」保護者は子供はこんなことを考えていたのだと愛しく感じることでしょう。つなぎ役としての保育者の機転で、なかなか上手に表現されない子供の想いを代弁することは、親子の理解やコミュニケーションを円滑にします。また保育者が子供の気持ちに共感し、想いを受けとめるという行動は、かかわりの見本として保護者にも伝わります。

③ かかわりの好循環を作る

　Aちゃんの母親は「子供が泣いていると、私もつい怒ってしまうのです。結局、機嫌が悪いまま登園させる悪循環になってしまいます」と話します。

　朝、機嫌が悪いまま登園するのは、子供にとっても保護者にとっても辛いことです。それならば好循環に変わるように調整してみましょう。保育者「今日は、ママにお手紙を書いたのね」保護者「そうだ、Aちゃん、明日は先生にお手紙を書いて持ってこようか」A「うん（嬉しそう）」子供が自信をもって登園するきっかけを与え、小さなことでもできたことや頑張ったことを認める言葉がけをしていきましょう。

第2節　幼児期の発達理解と支援

（1）安心できるよりどころ（アタッチメント）

　イギリスの児童精神科医ボウルビィは、子供が危機に直面した時や危機を予想した時に特定の他者とくっつくことを**アタッチメント**といいました。子供は

不安なことがあった時に心の安全基地が必要なのです。

　たとえば、はじめて保育園に登園した子供が保護者の後追いをしたところを「必ず帰って来るよ」と抱きしめられて落ち着いたり、何かに挑戦しようとする乳児が後ろをふり返って母親がいることを確認したり、幼児が「先生、見ていてね」と少しだけ冒険をしてきたりと、いざという時にくっつくことができる**安全基地**の存在と、受け止めてもらえるという確信により、自分や他者に対する信頼が育っていきます。子供は、「他者は自分を守ってくれる」、「自分は守ってもらえる存在である」、という心のよりどころがあることによって、しだいに身体のくっつきから、気持ちのくっつきに移行することができます。

　では、子供の気持ちをどのように受け止めたらよいのでしょう。「びっくりしちゃったね」、「悲しかったね」、「嬉しいね」など、その想いに共感することが大切です。これにより、子供は自分自身の心の状態に気づき、受け止められる安心を実感していきます。子供を支えるコツは、先を心配して教え込んだり、励ましたりすることではなく、単に安全基地として存在し見守ることなのです。

(2)遊びを発展させる言葉掛けとは

　先日、筆者の担当授業で、学生が子供役と保育者役に分かれ模擬保育を行いました。ペットボトルや瓶、紙コップなどの容器に、どんぐりや小豆、米、小石、鈴やビーズなどを入れ音や見た目も工夫したマラカスができあがりました。保育者役の学生が子供役の学生に言葉をかけます。「すごい」、「じょうずにできました」、「すてきだね」、「おうちに帰ったらおうちの人にも見せてね。」

　ここまでロールプレイをしたところで、学生たちはふと立ち止まりました。たしかに褒められるということは嬉しいのですが、遊びを十分に味わう前に終わってしまう気がするのは、なぜだろうと。子供は、なぜこの容器を選んだのだろうか、中身は、じっくり選んだのだろうか、偶然音がきれいだったのだろうか、音色に注目したのか、ビーズは視覚的に興味をそそられたのか、何一つ受け止めたり、引き出したりすることができていなかったのです。

　日常の保育には、子供のたくさんの想いがつまっています。子供が伝えたいこ

とや共有したいことは、保育者の共感により受けとめられ、その積み重ねが子供の心を育みます。子供の目線で「マラカス」への想いを感じてみたら、あなたはどのような共感の言葉を伝えるでしょうか。子供「ねぇ、ころろろんってかわいい音がするよ」保育者「ほんとだ。ころろろんってかわいい音がするね」子供「こうやって傾けるとね、ころん、ころん、ころん、ぽん、っていう音に変わるよ」、「速く振るとね、また違う音がするよ」共感的な言葉がけで、子供の遊びの味わい方や表現の仕方が変わってきます。あらたな遊びを引き出すかもしれません。子供の遊びへの探究心は、簡単に終わってしまうものではないのです。

（3）自己中心性と三者関係

　幼児は、3歳前後で**第一反抗期**が現れ、自己中心的になるという特徴があります。また、三者関係をとることについても発達しつつある時期といえます。

　たとえば実習生のあなたが「お弁当はどこで食べたらいいかな？」と子供にたずねたとしましょう。子供たちそれぞれが「私の隣で食べて」「このグループで食べて」…と言ってくれることが予想されます。「あの子が誘っているから、声をかけるのは遠慮しよう」などとは思わないのです。そこには周囲の子供よりも、実習生との**二者関係**が優先して現れているからです。子供にとっての**三者関係**は、社会の広がりそのもので、対人関係の発達を意味します。遊びのなかで徐々に身につけていきます。しかし個人差も見受けられ、保護者や保育者を介してでないと話を伝えられない子や、二者関係になりがちな子もいます。保育者は、お友だちも遊びに誘うなどして、コミュニケーションの工夫を心がけていきましょう。

第3節　子供にとっての遊びとは

（1）遊びの定義と機能

　子供にとっての遊びは、生活や学びのすべてです。みなさんにも子供の頃に

時間が経つのも忘れるほど没頭して遊んだ経験があることでしょう。小林（2016）によると「遊び」は、「楽しく満ち足りた気持ちになれる活動」、「強制されることのない自発的な活動」、「遊ぶことそのものが目的であり、内発的に動機づけられている活動」、「状況に応じて柔軟に変化しうる活動」と定義され、その活動の機能として「身体の成長と運動能力の発達を促す」、「知的能力の発達を促す」、「ソーシャルスキル（社会性）の発達を促す」、「情緒の安定をもたらす」、「自我の発達を促す」の5つをあげています。つまり、元気に遊ぶということは、それ自体にカタルシス効果があり、心身の健康的な成長発達につながるものといえるでしょう。

パーテン（1932）は、遊び方の観点から遊びを「**何もしない行動**」「**傍観的遊び**」「**ひとり遊び**」「**平行遊び**」「**連合遊び**」「**協同遊び**」に分類しました。保育のなかで子供がどのような遊びをしているのかを観察すると、子供の社会性や言葉など発達的側面について理解ができ支援のあり方が見えてきます。

(2)遊 戯 療 法

子供をカウンセリングする場合は、遊びを通し治療者との信頼関係を築き、子供の抱える問題の解決を図っていく遊戯療法が行われます。児童心理学者のアクスライン（小林，1972）は、治療者の基本的態度として8つの原則を提唱し（表4-1）、非指示的立場を強調する**遊戯療法**の基礎を確立しました。これは定期的な面接のなかで遊びを通して、子供が示す象徴的な表現を受け止め信頼関係を築くことにより、子供がありのままの自分を安心して表現することができるようになり、カタルシス効果や問題の解決、自己成長につなげていくものです。

保育現場は、構造的に遊戯療法の場と異なりますが、中津・新堀（2013）によれば、「おおらかな雰囲気を作る」、「気持ちを受け止める」、とくに4〜5歳児においては「子供の力を敬う」対応や「子供の変化を焦らずに待つ」対応について、保育者の対応が遊戯療法の基本原則につながりがあると述べています。

表4-1　アクスラインによる遊戯療法の8つの基本原則（小林，1972）

①治療者はできるだけ早くラポート（親和感）ができるような、子どもとののあたたかい親密な関係を発展させなければなりません。
②治療者は子どもをそのまま正確に受け入れます。
③治療者は、子どもに自分の気持を完全に表現することが自由だと感じられるように、その関係におおらかな気持ちをつくり出します。
④治療者は子どもの表現している気持を油断なく認知し、子どもが自分の行動の洞察を得るようなやり方でその気持を反射してやります。
⑤治療者は、子どもにそのようにする機会があたえられれば、自分で自分の問題を解決しうるその能力に深い尊敬の念をもっています。選択したり、変化させたりする責任は子どもにあるのです。
⑥治療者はいかなる方法でも、子どもの行ないや会話を指導しようとしません。子どもが先導するのです。治療者はそれに従います。
⑦治療者は治療をはやめようとしません。治療は緩慢な過程であって、治療者はそれをそのようなものとして認めています。
⑧治療者は、治療が現実の世界に根をおろし、子どもにその関係における自分の責任を気づかせるのに必要なだけの制限を設けます。

（3）ファンタジーの世界を共有する

　子供は、ふり遊びやごっこ遊びが大好きです。砂場で泥団子を作っては、「お団子ができましたよ。どうぞ」と持ってきてくれる子は、お団子屋さんのファンタジーのなかにいるのかもしれません。保育者はそれを察知し、子供のファンタジーを共有して「おいしいお団子ですね。パクパク、お代わりしてもいいですか？」と柔軟に世界に入り込んでいきます。このテクニックは、子供に関わる上で大切です。子供同士でも保育者が読んだ絵本の世界を再現したり、道具を作ったりして楽しむ様子はよく見られます。誰かとファンタジーを共有して遊ぶことは、子供の想像力や創造力を豊かなものにしていきます。子供は想像のなかでは、恐竜になって戦うことも、おとなになって敬語を使うこともできます。イメージしたものを工夫を凝らして創り出したり、想像のなかで喜んだり、悲しんだりすることができます。心を柔軟に開放して遊ぶ場が守られているということが、何よりも保育のなかで大切なことであるといえます。

第4節　子供の一人ひとりの気質や個性を考慮に入れる

（1）気質による違い

　私たちおとなが一人ひとりの違いを理解して生きているように、子供も生まれながらに個性や**気質**があり、時に育てやすさや育てにくさにつながります。心理学者のトマスとチェスら（1970）は生後まもない乳児の気質を9つのカテゴリーにおいて「扱いやすい子」、「出だしの遅い子」、「扱いにくい子」という3つのタイプに分類しました。

　とくに「摂食・排泄・睡眠の規則性」、「新しいものや人への反応」、「環境の変化への順応性」、「反応強度」、「機嫌」においては、タイプにより違いが現れやすいといわれています。「同じように育てているのになぜ？」という保護者の思いは理解できますが、気質は生まれながらのもので、乳児期から個人的特徴を示しやすいのです。たとえば、食事・睡眠・排泄などの生活リズムが不規則なことで保育園での適応に時間がかかったり、人見知りが強く新しい場に慣れにくいために、なかなか自分を出せなかったりということが見受けられます。この場合は、家庭と連携し、成長を長い目で見守り育てていくことが大切です。

（2）教育者・保育者の自己理解により子供の個性を知る

　筆者は、MBTI®（MBTI is a registered trademark of the Myers-Briggs Type Indicator Foundation in United States and other countries.）という心理検査を用いたグループフィードバックを行い、教育者や保育者の**自己理解**を促す研修をしています。自分にとって当たり前と思えることが、他者にとっては当たり前ではなく、認知のスタイルがみな同じではないということを体験していただいています。教育者・保育者が自己分析をし、普段は無自覚である自身の認知スタイルやティーチングスタイルを自覚することは、子供の個性を理解する手がかりとなるのです。

　もし、一人ひとりの子供の身近に**個性**を肯定してくれるおとながいたなら、子供は自己肯定感をもつことができ、「自分でいいのだ」「いろいろな人がいて

もいいのだ」という体験を通して、他者を大切にすることを学ぶでしょう。教育・保育の重要な目的は、子供が自分自身の力で「自分らしさ」を追求していくことにあり、教育・保育の場は、子供の個性を認め、育ちを見守る楽しい場です。そのなかで教育者・保育者は、いろいろな子供に接し、個性を見出し伸ばしていく重要な役割を担います。そんな役割を担うからこそ、自分の認知の偏りに気づき、公正な視点をもつための訓練を積み重ねていくことが必要です。また、教育者・保育者自身が自分の個性を大切にする喜びを知ることが、子供の個性をも大切にし、その喜びを共有することにつながっていきます。

（大野　雄子）

〈引用・参考文献〉

アクスライン , V.M.　小林治夫（訳）　1972　遊戯療法 岩崎学術出版社

小林玄 松本峰雄（監修）　2016　保育の心理学演習ブック　ミネルヴァ書房

中津郁子・新堀友　2013　保育者の子どもへの関わりについての心理臨床的意味付け　鳴門教育大学研究紀要（28）

Parten, M.B.（1932）. Social participation among preschool, *Journal of Abrormal and Social Psychology*, 27, 243-269.

佐々木正美　2017　はじまりは愛着から——人を信じ、自分を信じる子どもに——　福音館書店

園田由紀　2011　MBTI タイプ入門 JPP

Thomas, A., Chess, S., & Birch, H.G.　1970　The Origin of Personality, *Scientific American*, 233（2）, 102-109.

〈読者のための読書案内〉

＊バージニア・M. アクスライン　岡本浜江（訳）『開かれた小さな扉——ある自閉児をめぐる　愛の記録』日本エディタースクール出版部、1972 年：子供の訴えていることは何なのか、アクスラインの丁寧なかかわりと子供の変化を読み進めるなかで、遊戯療法の学びや日常の子供とのかかわりが深められる本です。

カウンセリングの理論①：来談者中心療法

第1節　来談者中心療法とは

　来談者中心療法は、アメリカの臨床心理学者、**ロジャーズ**（Rogers, C. R.）によって創始された心理療法です。現代のカウンセリングの礎といわれるほど、カウンセリングを学ぶ上で欠かせない理論であり方法です。

　来談者中心療法以前のカウンセリングは、カウンセラーが心理テストをしたり無意識や行動を分析したりすることで相談者に解釈やアドバイスを伝える、つまりカウンセラーが主導して問題解決や方向性を示すものでした。しかし、ロジャーズは「個人はその人生において、不幸や苦悩をもたらす要因を理解し、そうした要因を乗り越えるよう自分自身を再構成する能力を少なくとも潜在的にはもっている」（1952）と考え、相談者自身が主導して、自分らしく悩みと向きあうことを大切にしました。そのことが、より自分らしく生きるために大切なことに気づき、「**自己成長**」につながると考えたのです。

　ロジャーズのアプローチは、このように「より自分らしく生きていく（**自己実現**）」ための理論であり療法です。現代では「パーソンセンタード・アプローチ」という名称でも呼ばれています。

(1)大切なのは「安心できる関係」

　相談者が自分の問題と向きあい、自分らしく解決していくことを支えるために聴き手に必要なことは「**関係性**」であると来談者中心療法では考えます。そのため、聴き手は相談者の自己成長力を信頼し尊重して相談者に関わります。聴き手と相談者との「安心できる関係」「信頼できる関係」を築くことが、何より大切です。

（2）聴き手の態度条件

ロジャーズは、聴き手に必要な「**人格変容のための態度条件**」として次の3つをあげています。

①　共感的理解

相談者の私的な心の世界を、あたかもその人の身になったかのように感じ取ることです。その時、この「あたかも〜のように（as if）」という性質を見失わないようにします。共感しながらも、同一化したり感情的に癒着したりせず、聴き手は相談者の心の世界に気持ちを向けながら、丁寧に「伝え返し」（参照p.39）をしながら確かめつつ、相談者のペースを尊重しながらともに感じていくことです。

②　無条件の肯定的配慮（受容）

聴き手が、相談者の気持ちや価値観など、その人のどの部分をも取捨選択せずに大切にすること、存在を認めることです。聴き手は肯定・否定をするのではなく、「あなたのなかに、そのような気持ちがあるのですね」と丁寧に認めていきます。この時大切なことは、「そう見せること」ではありません。聴き手の「あり方」が大切です。

③　一　　　致

聴き手は、相談者との関係のなかで、誠実に丁寧に相談者の心の世界に意識を向けていきます。この時、聴き手は相談者を目の前にして自分が感じ経験していることにも、同時に丁寧に意識を向けていきます。自分の気持ちを否認したり歪曲したりするのではなく、聴き手はどんな感情が自分のなかに起きてもそれを自分で認める。つまり無条件の肯定的配慮を自分自身にも向けます。そうした聴き手のあり方が、相談者にも伝わり、聴き手と相談者のあいだに「**あるがまま**」の自分を大切にする関係性が生まれます。

ロジャーズは、この「一致」を3つの態度のなかで、もっとも重要であると考えました。

第2節 来談者中心療法の技法

(1)受　　容

技法としての「受容」は、①**アイ・コンタクト**、②**うなずき・あいづち**、③**視線や体が向きあっている**、などで表現されます。同時に、聴き手は、あるがままを認める（受容する）心の状態でいることが大切です。聴き手は、穏やかな視線で相談者の目を見ながら、丁寧な「うなずき・あいづち」をしましょう。ただ、うなずくだけではなく「はい」「ええ」と穏やかに、少し低めの声で、ゆっくり言えるとよいでしょう。意識を向け集中して聴くことで、うなずき・あいづちのタイミングも合いやすくなります。

また、聴き手は相談者の話を聴きながら、話の内容を記録する（書く）ことはしません。聴き手は相談者に視線や身体を向きあわせて、耳を傾け、心を傾けて聴いていくのです。このような態度が安心できる雰囲気を作ります。

(2)くり返し

「くり返し」とは、相談者の言葉や話した内容を、聴き手がくり返す技法です。「大切だと思われる言葉」、「相談者が何度もくり返し使っている言葉」などを、聴き手がそのままくり返します。

【例】相談者（保護者）：子供が、なぜ不登校になったのだろうって、ずっと考えているんです。

　　　聴き手（先生）：なぜ不登校になったのだろうって、ずっと考えていらっしゃるのですね。

(3)伝え返し

相談者の「今、ここで」の感情をそのまま受け取り、そのままを返していく方法です。「くり返し」のように言葉を返すのではなく、「**伝え返し**」は「感情を返す」ものです。聴き手は、話し手の感情を、聴き手である自分の身体に響

かせるようにして受け取り、また相談者に返していきます。もう一度、聴き手から相談者に伝え返すことで、相談者に確かめてもらうのです。

【例】相談者（保護者）：（不登校の）子供が、昼間ずっとゲームをしているとイライラして怒ってしまう。そのあと、あぁ、またやってしまったと。ダメな親だなと自分が嫌になってしまって。
聴き手（先生）：（保護者の気持ちを感じながら、心を込めて）お子さんが、ずっとゲームをしているとイライラして…怒ってしまう。そのあと、（受け取った感情を感じながら）またやってしまった……と。ダメな親だな……と。自分が嫌になってしまう。

(4)明　確　化

　相談者の言葉の奥に潜んでいる感情を、聴き手が言葉で表現してみることが**明確化**です。たとえば、子供が「先生、お昼ごはん、まだ？」と尋ねてきた時、「おなかが空いたのね」と返すことがあります。これが明確化です。大切なことは、聴き手は相手の気持ちを言い当てようとしたり知的な理解で解釈しようとしたりするのではなく、相談者の言葉の奥にある感情や意味を感じ取ることです。自然な反応として明確化になっていることが望ましいでしょう。

【例】話し手（子供）：先生、私がおもちゃを壊しちゃったこと、お母さんに言う？
聴き手（保育者）：お母さんが知ったらと思うと、心配なんだね。

(5)確認（質問）

　もし、確認したいことがある時には、相談者の感情のプロセスを遮らないように、相談者がより自分の気持ちを表現できるような質問の仕方ができるとよいでしょう。聴き手の興味や関心だけで、質問することは避けたいものです。

①　「開かれた質問」と「閉ざされた質問」

　相談者に自由に表現してもらうためには「開かれた質問」が使えると良いでしょう。相談者によっては、「開かれた質問」ばかりが続くと負担になること

もあるため、相談者の気持ちに配慮することも大切です。

【例】閉ざされた質問　子供：私、友だちから仲間外れにされているの。
　　　　　　　　　　　聴き手：そう。先生には、相談したの？
　　　　　　　　　　　子供：ううん、していません。
　　　開かれた質問　　子供：私、友だちから仲間外れにされているの。
　　　　　　　　　　　聴き手（先生）：そう。誰かに相談したの？
　　　　　　　　　　　子供：本当は、先生やお母さんに話したいんだけど、みん
　　　　　　　　　　　　　　ないつも忙しそうで…言えなくて。

②　「なぜ」「どうして」という言葉は使わない

　聴き手が「なぜ」「どうして」という言葉で質問をすると、相談者は責められ
ているような、尋問されているような気持ちになることがあります。安心し
て気持ちや状況を語ってもらうために、気をつけたいものです。

【例１】先生：なぜ、お子さんに伝えないのですか？
　　　　　　→お子さんに伝えないのは、何かお考えがおありでしょうか？
【例２】先生：どうして、毎日、遅刻をするの？
　　　　　　→毎日遅刻をしてしまうのには、何か理由があるのかな？

　技法は、相談者と聴き手の安心できる関係性を築くための手段といっていい
でしょう。心には、どんな時にも言い分があります。聴き手は、相談者をある
がままに認めつつ、相談者の心の言い分に一緒に耳を傾けます。相談者が自分
と向きあい、大切なことに気づくプロセスに同行するイメージです。そのため
に、心を込めて「しっかりと、そこにいること」。これは「**プレゼンス**」と呼
ばれるものですが、理論や技法以上に重要なこととされています。こうした態
度やあり方があってこそ、技法は生きてきます。

第3節　学校・保育現場に活かす来談者中心療法

（1）子供や保護者と「安心できる関係」を作る

①　聴く構えを整える

　先生は、とにかく忙しい！　体も頭も心もフル回転で日々の仕事に取り組んでいます。このような時、先生は「テキパキモード」になっています。テキパキモードの時には、会話のテンポも速く、相手の言葉に反応するように会話が進むことが多いでしょう。

　しかし、人が自分の気持ちや悩みを語る時には、気持ちや状況に思いを巡らしながら言葉を探しつつ語ります。そのため、子供や保護者と面談をする時には、「テキパキモード」から「安心モード」に自覚的に切り替えておく必要があります。たとえば、何度か深呼吸をしたり、ひとりになれる場所に行き、頭と心を落ち着かせる時間をとったりするなど、聴く構えを整えることが大切です。自分自身が、ゆったりと心を落ち着かせ安心できている時、他者とも「安心できる関係」が築けます。

②　どんな時も「関係作り」が目的

　たとえば、何か解決しなければならないことがあり保護者と面接をする時にも、問題を抱えている子供と話をする時にも、面接の目的は「関係作り」として臨むことができるとよいでしょう。なぜなら、先生と子供、保護者は一度きりではなく、1年間、長い時にはそれ以上継続する関係だからです。問題解決に急いでしまうと、子供や保護者は「わかってもらえていない」という気持ちになりがちです。

　大切なことは、子供や保護者に「今日、先生と話せてよかったなぁ」と思っていただくことではないでしょうか。子供や保護者は、先生に対して「自分に代わって、自分の問題を解決してほしい」とは思っておらず、「自分の状況や気持ちを理解してくれた上で一緒に考えてほしい、応援してほしい」と思っていることが多いものです。「解決」より「理解」、「対応」より「関係作り」を心がけることが、相談者が問題と向きあう勇気につながり、つらい状況をしの

ぐためのエネルギーになります。

③ 相手を変えようとしない

先生方が関わる子供や保護者の悩みには、改善が必要なケースもあるでしょう。また、当事者の子供は悩んでいないけれど周囲の子供たちや先生方が困っているため、当事者の子供の行動変容を促したい場合もあるでしょう。そのような時、つい「相手を変えたくなる」「（先生自身が考える）正しい方向に導きたくなる」ことがあるかもしれません。

しかし、大切なことは相手を変えようとして向きあうことではなく、まずは、相手を理解することです。今の状況に至った事情、そうせずにいられなかった背景、そうしてしまった心の言い分を丁寧に聴きます。問題指摘やアドバイスをするのではなく受容することが大切です。相談者は、自分の思いを聴き手に受容してもらえた時、受容してもらうことを通して自分も自分の気持ちを認め、向きあうことが可能になります。そして、「今大事なことは何か」「今できることには何があるか」という現実に向けて考えることが可能になります。

④ 「今、ここで」を大切にする

会話のなかでは「昨日こんなことがあって…」「先日のことなのですが…」など、過去について語ることがよくあります。その時、過去の出来事や気持ちを語りながらも、話しながら湧いてくる「**今、ここで**」の気持ちがあります。

来談者中心療法では「今、ここで」感じている気持ちに焦点を当てて聴くことを大切にしています。話しながら湧いてくる感情や気持ちのなかに、大切な気づきがあることが多いからです。「今、話をしてみて思ったのだけれど…」「話しながら、ふと思い出したのだけれど…」など、相談者が「今、ここで」湧いてきた気持ちや思いを大切にできるとよいでしょう。聴き手から「今、どんなお気持ちですか？」「お話をされてみて、今どんな感じがしていらっしゃいますか？」などと、「今、ここで」の相談者の気持ちを確認することも良いでしょう。

(2)「安心できる関係」におけるかかわりのポイント

① 待つ〜相手のペースを尊重する〜

相談場面と日常の会話との違いのひとつに「**間**」があります。「〜ですか？」などと問いかけたあと、相手が言葉を発するまでの「間」が異なるのです。相談者は、自分の気持ちをたしかめたり考えたりしながら言葉を発していきます。しかし聴き手は、すぐに返事が返ってこないと「答えにくい質問だったかしら？」と別の質問をし直したりする。そうすると、相談者は答える前にまた別の質問が来てしまい、自分のペースが保てず「話したいことが話せなかった」ということになりかねません。相手のペースを尊重し「間」に配慮しながら、ゆったりと相談者の言葉や気づきを「**待つ**」態度が大切です。

② 私メッセージ

先生が子供や保護者に伝えたいことがある時には、「**私メッセージ**」を使うとよいでしょう。私メッセージとは、「私」を主語にした言い方です。反対に「あなた」を主語にした言い方を「あなたメッセージ」と言います。

たとえば、子供の面談で「（あなたは）どう思っているの？どうしたいの？」（あなたメッセージ）と先生から言われると（先生には責める気持ちがなくても）、子供は責められているような気持ちになるかもしれません。しかし、「（私は）あなたの気持ちを聞かせてほしいのだけれど」と私メッセージで伝えることができると、子供は安心して自分の気持ちを語りやすいと考えられます。

また、「（私は）〜と思うのですが、いかがでしょうか」などと、私メッセージのあとに「いかがでしょうか」などと相手に話を戻す言葉を加えることもおすすめです。主体は「子供」「保護者」です。先生がメッセージを発したあとも、子供や保護者が自分の気持ちを語れるように、言い放しにせずに「どうでしょうか」と相手に返していけると良いでしょう。

③ 肯定的な表現

「〜してはダメ」という表現より「〜しましょう」という表現の方が、相手に伝わりやすく、受け取りやすいと考えられます。たとえば食事の時、子供に「残しちゃダメよ」というより「いっぱい食べようね、おいしく食べようね」

と声をかけた方が、子供の気持ちは食事に前向きになれるでしょう。保護者に「園の前に車は停めないでください」というより「車はあちらに停めていただけると助かります」と伝えた方が保護者は快く車を移動してくれるでしょう。「"また"忘れたのですか」「ここまで"しか"」「今日"も"」など、否定的なニュアンスの言葉にも気をつけたいものです。

　私たちが使う言葉には、自分の感情が反映されます。肯定的な表現を使うためには、肯定的な視点で人や物事を見る心の習慣をもつことが大切です。

④　具体的な表現

　日本語には、あいまいな表現が多くあります。「ちょっと時間をいただけますか？」、「早く提出してください」、「ちゃんとしなさい」、「大丈夫？」などです。たとえば「ちょっと（の時間）」は、5分くらいをイメージする人もいれば、10分や20分をイメージする人もいるでしょう。これは感覚や価値観の違いによるものですが、価値観の違いがあることに無自覚なままコミュニケーションを続けると、価値観のズレが「関係性のズレ」になることがあります。

　そのため、具体的に表現できる時には、具体的に伝えましょう。「10分ほどお時間をいただけますか？」「明日の朝9時までに提出してください」「前を向いて座りましょう」「わからないことがありますか？／痛いところがありますか？」などです。また、「私は、良い母親ではありません」などと相手が語った時にも、「良い母親とは、どのようなイメージですか？」と聞いてみると、思いがけない母親像が出てくることもあります。あいまいな表現の時には確認してみましょう。逆に言葉を発する時には、具体的に伝えることができると、共有し理解しあえる幅も広がると考えられます。

⑤　相手の心がついてこられるように話をする

　話すペースは、「理解するペース」、「心のペース」と異なることがあります。子供が自分の悩みを先生に話す時、どこから、どこまで、どんな言葉で話したら良いのか戸惑い、ゆっくり語ることがあるでしょう。また、学校や園での子供の様子を先生から聞く保護者は、状況がすぐにはイメージできず心がついてこられないこともあるでしょう。そのため、話し手の言葉のペースだけではな

く、気持ちのペースにも配慮をしながら話を聞き、伝えることが大切です。

　とくに、学校や園で子供に関わるトラブルや心配な状況や出来事がある時、先生は保護者に出来事の発端、経緯、現在の状況などを説明しなければなりません。このような時、一気に伝えると保護者は頭で言葉は理解できても、心がついてこられないことがあります。すると、保護者は「うちの子供だけが悪いのですか！」と怒りや不安が湧いてくることがあります。

　そのため、間を開けながら、ゆっくり話すことができるとよいでしょう。一方的に説明するのではなく、保護者があいづちを打ったり言葉を挟んだりすることができるように間を開けながらゆっくり話します。対話のような形で伝えることができるとよいでしょう。

（3）大切なことは子供（保護者）に教えてもらう

　来談者中心療法では、「大切なことはクライエント自身が知っている」と考えます。そのため、聴き手である先生が先回りをしたりせず、子供（保護者）自身に教えていただく気持ちで、一緒に考えていけると良いでしょう。

　たとえば、不登校の子供は心が疲弊し学校に行けなくなっているため、心のエネルギー補充をすることが大切です。おとなが試行錯誤して登校を働きかけるより、「今は心を休めることが大切。どうしたら今、心は休むことができるだろう？」と子供に問いかけてみるのです。すると「家にいて体は休めていても心は休まらない。友だちに会わないなら、保健室に行くのが心は楽かもしれない」などと提案してくれることもあります。すぐに答えが見つからない場合でも、子供の心のプロセスに寄り添い、ゆっくりと一緒に考えていけると良いでしょう。子供は、安心できた時に語り始めます。そして、つながりを実感できた時に行動し始めるようです。子供のもつ力を信じ、尊重しながら、その子供の気持ちに寄り添うことが大切です。

第4節 : 教師・保育者が来談者中心療法を学ぶ意義

　来談者中心療法で大切にしている「自己実現」や「自己成長」、「安心できる関係」は、教育や保育の考え方や実践とも類似しているところがあるでしょう。教師や保育者が来談者中心療法を学び日々の実践に活かすことは、教育や保育をより豊かにすることにつながることが考えられます。

(1)子供や保護者の自己成長を支える

　教育や保育には正解がありません。「正しいこと」と「良いこと」は異なっていて、何が「良いか」ということは、その子供や保護者によって異なります。ひとりでは向きあえなかった悩みや問題も、先生との安心できる関係のなかで向きあうことで自分らしい選択肢を見つけることができ、このような経験は次に悩みを抱えた時にひとりで問題と向きあう力をつけることにもつながります。

　また、学校や園で、先生がこのような実践を続けることで「安心できる雰囲気」が広がります。安心できる場所は、子供にとっての「**心の居場所**」になり、それを得た子供は、心が安定します。心の安定により、子供に内在している「生きる力」「成長する力」は発揮されやすくなることが考えられます。

(2)教師や保育者の「自己成長」につながる

　来談者中心療法を学んだ教師や保育者の先生方からは、「最初は子供や保護者支援のために学び始めたけれど、学ぶことで自分自身とのつきあい方が楽になった。自己成長できた」というお話を聞きます。それは、「受容」を学び実践することと大きく関わっています。

　「受容」は、そう見せかけることではなく、心を相談者に向け、あるがままを認めながら、丁寧に寄り添う態度・あり方です。このような態度を大切に日々の仕事を重ねることは、他者を受容する態度とともに自己を受容する態度を育むことにもつながります。自分の気持ちに耳を傾け、自分の気持ちと安心したつきあいができることで、自分らしさを教育や保育の仕事に活かすことに

もつながるでしょう。こうした教師や保育者の変容と自己成長は、周囲の同僚にも伝わり、チームワークのあり方にも影響を及ぼすことがあります。

　教師や保育者の離職が課題となっている現代、まずは先生ご自身が元気に、自分らしく、安心して仕事をしていくことが大切です。それは、子供や保護者、ひいては学校・園が、安心できること、元気になること、成長することにもつながるでしょう。そのためのヒントが、来談者中心療法にはたくさん含まれています。多くの先生方に学んでいただきたい療法です。

（大竹　直子）

〈引用・参考文献〉

諸富祥彦・大竹直子（編）　2020　スキルアップ！保育園・幼稚園で使えるカウンセリング・テクニック　誠信書房

大竹直子　2014　やさしく学べる保育カウンセリング　金子書房

大竹直子　2012　相談にのるときの話の聴き方　児童心理 No.950　金子書房

大竹直子　2011　傾聴の基本的な態度と技法　諸富祥彦（編）人生にいかすカウンセリング——自分を見つめる、人とつながる——　有斐閣アルマ

Rogers,C.R. 1952 Client-centered psychotherapy *Scientific American,* 187 (5), 66-74.

〈読者のための読書案内〉

＊**諸富祥彦『はじめてのカウンセリング入門（上）カウンセリングとは何か』誠信書房、2010 年**：カウンセリングの核心である「カウンセリングとは、悩みや苦しみを通しての自己成長学である」ことがわかりやすく解説されています。

＊**諸富祥彦『はじめてのカウンセリング入門（下）ほんものの傾聴を学ぶ』誠信書房、2010 年**：カウンセリングのアプローチと理論への理解について解説した上で、相談者の気づきや学び、自己成長のための「傾聴」の具体的な学び方、トレーニングの方法が紹介されています。

＊**諸富祥彦（編）『人生にいかすカウンセリング——自分を見つめる、人とつながる——』有斐閣アルマ、2011 年**：来談者中心療法の理論、傾聴の技法、自己理解、自己成長などについて「入門書」として書かれた一冊。

カウンセリングの理論②：精神分析

第1節 精神分析の基本的な考え方

　精神分析は、フロイト（Freud,S.）が創始した学問の一領域であり、現代の心理療法の礎となりました。精神分析は、自由連想法によるカウンセラーとクライエントの対話によって得られたあらたな気づきと洞察によって、クライエントが自己を深く理解し、自己の主体性を取り戻すべく健全な姿とは何かを考えて選び取り、こころの成長を遂げることを目指す支援法です。本来は厳密な治療的枠組みのもとに行われ、同じ時間と曜日で週1〜4回のセッションを行う方法となります。しかし保育の現場や、学校でスクールカウンセリングとして行う場合には、スケジュールや施設の環境に合わせ、柔軟な枠組みを工夫して行うことが必須となります。

　フロイトは、こころは主に3つの構造（自我・超自我・エス）に分かれるとし、また意識と無意識があり、そして努力をすれば気がつくことができるという、前意識の存在があるとしました。それぞれの性質を表にすると次のようになります。

　神経症の症状は、**自我がエスやリビドー**（本能衝動）の圧力を受けることと、現実や環境のストレスが加わることや自我が弱化していることで、心の均衡状

表6-1　心の構造（心的装置とその機能など）

心の構造	領域	形成過程	機能	意識化された心の声の例
エス（es）	意識・無意識	気質、遺伝的要素	本能衝動や欲求、太古の記憶、リビドーや死の本能の源泉	〜したい
自我	意識・無意識	気質、遺伝的要素、環境との交流	思考・判断・現実検討力、防衛機制の作動、対話	私は〜だ
超自我	無意識	両親の躾の取り入れ	道徳心・良心・自我理想、自我や夢の検閲	〜しなければならない

態が保てなくなる場合に生じます。自我機能が低下していたり非合理的で過剰な**防衛機制**が働くと症状となるのです。代表的な防衛機制としては、抑圧、合理化、反動形成、転換があります。興味深いのは、自我は症状を作り出す一方で、その自我がなければカウンセリングは成り立たないという点です。自我は人の精神活動において、思考や判断、自己観察する力や客観視する機能をもつため、重要なはたらきを担っています。しかし、幼少期から現在までに至る心の外傷体験が、自我機能や防衛機制のはたらきをゆがめてしまうと、神経症の発症を促進するのです。

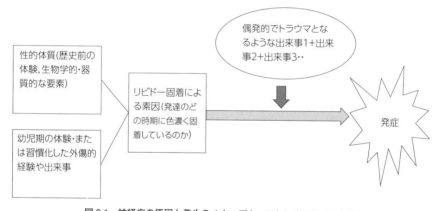

図6-1　神経症の原因と発生のメカニズム　下山ら（2020）より転載

　図6-1に示したように、性的体質（エスの様態と強さ）や、外傷体験の蓄積、発達段階のどこでこころの成長が滞っているのか（リビドー固着）で、働く防衛機制が変わるために、症状の現れ方の違いが生じます。発症の引き金となるのも、トラウマとなるような出来事であると考えます。古典的な精神分析の考え方では、過剰な防衛を弱め、外傷体験を想起してクライエントの現実検討能力と自我機能を高めることを目指していました。しかしフロイトの考え方は後に修正され、あらたに複数の学派が生まれました。

第2節 : **フロイト以降の理論：英国学派について**

(1)クライン派のポジション概念と原始的防衛機制

　クライン（Klein,M.）はフロイトの孫弟子にあたる女性の精神分析家です。第2次世界大戦中、ナチスの迫害から逃れるためにフロイトより先に渡英し、子供に精神分析が可能であることや、革新的な概念を提唱しました。またクラインは、環境を理解する時の心の構え（ポジション：態勢）が乳幼児期に主に形成されることを主張しました。いわゆる、ポジション概念です。そして、新生児や乳幼児期から存在する**原始的防衛機制**があると述べました。クラインは、2つの心の態勢を**妄想・分裂ポジション（態勢）**と**抑うつポジション（態勢）**と呼び、そのポジションに相応して作動する防衛機制についても提唱しています（表6 - 2参照）。

表6-2　ポジション（態勢）概念と原始的防衛機制の対応

ポジション (態勢)	不安の様相	対応する原始的防衛機制	内的世界
妄想・分裂ポジション	破滅不安　とてつもない恐怖	投影同一化　分裂	バラバラ断片化→良い対象・悪い対象
抑うつポジション	迫害不安　現実的な恐怖　喪失の不安	躁的防衛（否認・脱価値化・万能感）	善と悪の入り混じった統合した対象

　誕生から1～2ヵ月のあいだ、乳児は己の身体に生じる感覚が、自己の身体内部のものか環境からきたものなのかの区別がつきません。それゆえに、己の身に生じた空腹や排泄などの不快な感覚はとてつもない恐怖となり、泣き叫びます。その時の乳児の心の世界は身体までバラバラになるような破滅的な恐怖をもたらすため、身体感覚と直結して排泄や泣くことによってその苦痛と不快感を外に押し出そうとします（投影同一化）。養育者の世話によって、恐怖や不快感が和らげられると、心地良い感覚と恐怖の感覚の両極端（良い対象・悪い対象）が混在した、心の状態になりやすいのです（妄想・分裂ポジション）。時間の経過とともに、自己認識が芽生えると、心地良い感覚と不快な感覚や体験が自分のものとして実感され、記憶に残るようになります（良い対象と悪い対象に分かれた世界；分裂）。

さらに乳児の記憶力や知覚認識力の向上、離乳食の開始が契機となり、あらたな心の構えが生まれます。母親（養育者）に抱っこされ、あやされることで心地良い世話がもたらされる時もあれば、母親が常時傍にいるわけでなく、また、乳児のサインを読み違えることがあるのに気づくようになると、人には多様な側面があることを乳児は自覚するようになるのです。これは生後6ヵ月頃から始まり、抑うつポジションといいます。この時期には世話をしてくれる養育者やおとなの存在の大きさを知ることとなり、幼児は強い喪失への不安と、罪悪感、心の痛みが生じることになります。そのため、幼児は、自身がいまだ世話が必要で非力な存在であることを否認し、ケアする人の価値を低め（脱価値化）、甚大な能力と力をもっているという思い込み（万能感）にひたる、**躁的防衛**を働かせるのです。健康な場合には、夢や遊び、ゲームの世界だけで展開されるにとどまりますが、人類共通の差別や、いじめのメカニズムにも通じる心のあり方ともなります。

　クラインはフロイトと異なり、生後約1年までの乳幼児期の外傷体験が、後の心理的な外傷体験を契機に再燃して心の失調に至ると考えました。クラインの考え方は、人格障害、統合失調症や発達障害の治療的アプローチに影響を及ぼし、「クライン学派」としてその思想が継承されています。

（2）育児相談に貢献したウィニコットの理論

　ウィニコット（Winnicott, D.）は小児科から精神分析家として活躍し、クラインから精神分析（教育分析に相当）を受けたので、当初はクライン派に属していました。後に、クライン派から距離を置き、「独立学派」の立場になりますが、基本的にはクラインの影響を大きく受けながらも、両親や養育者を、子の心が育くまれる「環境」としてとらえ、環境—個人の組み合わせ（親子という単位）に焦点化した理論を提唱しました（Abram, 2018/ 木部・井原, 2020）。とくに下記の概念は、臨床的にも重要です。

① ほどよい母親（good enough mother）

　乳幼児の要求とサインに、常時100％応えることのできる、完全無欠な母親

は存在しません。とくに生後1〜2ヵ月のあいだは赤ちゃんが泣けば深夜でも起き出して髪の毛を振り乱しながらオムツをかえ……の状態であっても、育児に没頭して懸命に子供のサインを読み取ろうとし、次のような機能を果たすことが、**ほどよい母親**（good enough mother）なのだとウィニコットは考えました。それは、抱っこする（holding）、あやす（handling）、対象になる（object-presenting）という意味をもつものです。対象になるというのは、子供が大きくなり、反抗期になっても母親は愛憎を向けられる存在であることをイメージすればわかりやすいでしょう。それでも、親として子供に愛情を注ぐことを維持するよう、懸命に模索して成し遂げようとすることが大事なのです。それは、保育士も教師も同じことがいえるでしょう。

② 環境としての父親

ウィニコットは、父親も子供を抱える環境としての役割があると考え、妊娠中も含めて家庭環境外部からの予期することのできないような危害や侵害から母親を守り、母親の苦悩や気持ちを推し量りつつ労苦をともにすることによって、母親の不安を和らげて、安定的に育児や赤ちゃんの看護に専念できるようにするのが、果たす役割であり仕事であると述べています。父親は、子供に対してだけでなく、十分にその機能を発揮できるように、母親に対しても安全と安定を供給する、子育てにおいてとても重要なメンバーなのです。これも児童生徒の安全を提供する教師の役割と一部重なるところがあるでしょう。

③ 移行対象（transitional object）

養育者からのほどよい世話（子供のニーズに応えるが、時にニーズと一致しない世話）によって、乳幼児は母親と自分とが別個の人格をもつことに気がつきます。そもそも乳幼児は母親の乳房と自分自身とを混同してまるで一体のように感じ、乳房は自分のものであるかのように錯覚をします。ですが、離乳食が始まり母子の身体的な分離が生じると、幼児は錯覚を用いて、親指や毛布の端っこ、お気に入りのタオルケットを常にそばに置き、それが母親でもあり自分でもあると考えて、心の苦痛に耐えようとするのです。これを移行対象と呼びます。カウンセリングに訪れる幼児や児童には、時折、幼稚園や小学校でも**移行対象**を

手放せない子がいますが、それは自他の存在は別個である現実を安心して受容できていないからかもしれません。

（3）発達障害と精神分析：タスティンとメルツァーの自閉症理論

　タスティン（Tustin,F.）の自閉症概念は、自閉症スペクトラム症の子供や成人に対する治療的アプローチに大きな影響を与えました。タスティンは、ウィニコットやほかの研究者の「乳児は母親と自分自身とを一体と考えている」という観点から、自閉症児は常に母子融合の心の世界が維持されていると考えました。母胎のなかにいる胎児時代の感覚が誕生後も続いている世界だと想像すると、わかりやすいでしょう。母子が融合している世界では、他者との身体的分離や、自他が異なる存在であると自覚することは、すさまじい脅威となります。なぜならば、自分と他者が融合しているがゆえに、自分の身体が生木を裂くように引きちぎられる、一部喪失するといった体験に相応するからです。これを**ブラックホール体験**といいます。精神の崩壊に匹敵するブラックホール体験は大きな脅威となるため、心を守るために閉ざされた常同的な世界にこもるしかなく、それが自閉的な殻にこもっている状態だと考えられるのです。カウンセリングでは、自閉的な殻から孵化していくようなはたらきかけが必要となります。タスティンは自身のケースで、いつも背を向けて顔を見ずプレイルームに行かない自閉症の子供に「あなたの柔らかい前面を守るために、硬い背中を向けて守っているのよね」と伝えたら、くるりとふり返ってお茶目な笑みを浮かべ、タスティンを見ることができたと述べています（Tustin,1992）。

　自閉症児は、光の点滅や単調な音に耽溺する、連続ジャンプをして身体感覚に浸っていることがあります。けれども、その感覚的な世界は、「去年見た海の色と今見ている空の色が同じで真っ青」というように、記憶との意味の照らしあわせや、過去の感動とをつなぎあわせた世界ではありません。たとえば、ある自閉症の子が「青、青、青」とつぶやきながら、赤、黄、茶色、緑、青の粘土を容器から出しては収めることをひたすらくり返したことがありました。青色の粘土を手にしていることに気づかず、知覚した感覚や経験した物事が蓄

積されていないので、人の心として働く以前の段階であり、意思の共有が難しい「**マインドレス**」の状態にあると考えられます。

　また、自閉症児の環境とのコミュニケーションは、エコラリア（反響言語）のように模倣に限定してしまうことが生じます。他者の言葉の意図と本質を理解し、自分の経験と想像した上で考えた応答や行動ではない、表面的な模倣を、**附着同一化**としてメルツァー（Meltzer, D.）は定義し（1975）、他者の経験や思考を見聞きして、心の経験として取り入れ蓄積される同一化とは別ものであるとしています。

　さらにメルツァーは、自閉症から神経症までの、コミュニケーションにおける投影や同一化の性質から、心的次元論を説明しました。自閉症の心の対象世界は、マインドレスの一次元性、もしくは表面的な附着同一化に占められる二次元性であるとメルツァーは述べています（Meltzer, 1975）。

　ところで近年、小・中学校において、タブレット端末が授業に取り入れられています。タブレットの画面に映し出された風景写真や画像だけをもとにした学習は、この二次元性の世界に近いものです。実物を見て手で触って聞いて知る、という実体験の機会が失われていると、単なる表面的な学習にとどまってしまうリスクがあります。心が育ち、本質が身につく習熟につながる教え方の工夫と教材研究が求められているといえましょう。

🌱 第3節 ┊ 精神分析的カウンセリングの技法：学校現場での導入

（1）治療構造の重要性：堅固に、かつ柔軟に

　精神分析的心理療法では、ほかの心理療法よりも、治療構造に重きを置きます。毎週同じ曜日で同じ開始時間、同じ場所と同じセッションの長さで心理療法を行うことになります。理由は、クライエントの変化を敏感にとらえるためには、治療構造を一定に保つことが必要だからです。重い心の傷を抱え、自我機能が脆弱なクライエントの場合、環境の変化が精神状態に強い影響を及ぼすことも理由のひとつです。しかし、スクールカウンセリングの場合には、長期

の休みや学校行事の開催、時間割の変更が生じるため、治療構造を修正せざるをえなくなります。そもそも、カウンセリングや心理療法はクライエントを支援するのが目的であって、治療構造を守るためのものではありません。公立学校だと小学校は6年間、中学と高校は3年間と、支援できる期間も限られています。セッションを継続するためにも、学校の現実に合わせて柔軟な工夫を凝らしつつ、しっかりとした構造設定をすることが肝要です。

(2)明確化・解釈・直面化

　精神分析的カウンセリングは、自由連想法的に、クライエントが今困っている問題や、話したいことについて自由に語っていただく方法をとります。クライエントの語った内容について、**明確化・解釈・直面化**の3つの技法を用いて、展開を試みます。「明確化」は、カウンセリングの基礎訓練でよく用いられるアイビー（Ivey, 1983）のマイクロカウンセリング技法に対応させると、「質問技法」「励まし技法」に相当します。「解釈」はクライエントが前意識でとらえ始めている心の内容について、カウンセラー側が仮説として伝えることです。マイクロカウンセリング技法だと「言い換え技法」「感情の反映技法」「要約技法」に相当するでしょう。「直面化」は、クライエントの行動や治療抵抗に関わる無意識的意味を、直接言語化して伝えることを意味します。いずれも、クライエントとってわかりやすい言葉で伝えることが大切です。

(3)プレイセラピーの構造設定

　幼児から児童を対象としたカウンセリングをする場合、心の機微や葛藤を詳細に言葉にしてカウンセラーに伝えるのは難しいため、遊具を使った遊びから子供の心の世界を読み取る、遊戯療法が現在も用いられています。ちなみに、遊戯療法では使用する遊具は、豊富にあれば良いというわけではありません。子供の心の状態に合わせて、遊具を選定することで適切に問題を取り扱う近道になることがあります。たとえば、攻撃衝動が強いADHDの子供が、遊具の起き上がりこぼしやカウンセラーに対して毎回攻撃をくり返し、運動で情緒を

散らしているケースがありました。経過を吟味し、起き上がりこぼしをプレイルームに置かないようにしたところ、子供のプレイは象徴的な内容に変化し、描画を自発的にするようになりました。遊具については、適切な昇華経路を育てていくためにも、クライエントの想像力と内省力を高められるよう、クライエントの抱える問題の性質もふまえた上で準備をすると良いでしょう。

 ## 第4節 ： 学校・保育現場に活かす　精神分析的変法：描画法を用いる

(1) スクイグル・ゲームと、その変法臨床描画法

　ウィニコットが提唱した**スクイグル・ゲーム**は、子供とコンタクトをとるための手段で、見たてをして関係作りをするアセスメントに用いられてきました。スクイグル（Winnicott, 1968）とは、自由な一筆書きのことです。臨床描画法のひとつですが、セラピストとクライエントの相互が描く相互コミュニケーションがなされる点で、絵による連想対話といった性質をもっています。

　また、このスクイグル・ゲームの変法の**MCCM＋C法**（山中, 1984）は、学校場面での活用が可能であり、自己・他者理解を深め、人間関係のパターンや、葛藤のテーマに気づく機会を与えてくれる描画法です。これはひとつの画用紙

表 6-3　MSSM＋C 法の手続き

＜用意するもの＞
八つ切りの画用紙 1 枚　クレヨンかクーピー　雑誌や新聞の切り抜き　はさみ　のり
＜手続き＞
①カウンセラーが 8 つ切りの画用紙 1 枚の 4 辺に枠取りをしたあと画用紙をクライエントにわたす。クライエントは 6 〜 8 こまを仕切って、漫画の枠取りのようにする。
②じゃんけんをして、順番を決め、お互いに殴り描きをしては交換し、「何に見えるか」「見えてくるものは何か」を考え、その対象をクレヨンで色を塗るなどして完成させる。
③最後の 1 コマだけ空白にして残しておく。クライエントにその空白の中に、雑誌や新聞の切り抜きの中から好きなものをはさみで切り取ったら、のりで貼ってもらう。つまり、コラージュをする。
④できあがったスクイグルとコラージュの内容をすべて入れこんで、クライエントに物語を作ってもらう。物語は、カウンセラーが聞き取った上で、別紙に書き留める。
⑤学校で実施する場合は、クライエントとカウンセラーの役割を交代して、①〜④までをくり返す。そして批判なく、お互いの作品を鑑賞する。

にスクイグルとコラージュを併用して作品を作るもので、最終的に物語を作成して断片化した連想を統合する手続きをとります（表6-3）。物語を作成することの意味は、スクイグルに色クレヨンの塗りつぶしをすることで、こころの一部が退行し、投影によって拡散した無意識と意識の境界を、糸のように紡ぎあわせられることにあります。

（2）動的学校画を精神分析的に読みとる

動的学校画は、学校をテーマにした臨床描画法です。描画の教示は『学校の絵を描いてください。その時に自分と先生と友だちを1人ないし2人、その絵に入れて描いてください。何かやっているところでしかも人物全体を描いてください。あなたが描けるだけの絵を精一杯思い出しながらそれを描いてください』です。しかし、学校という社会場面を描くということもあり、友だち関係や教師に対しておそれや苦痛を感じている子供の心情に配慮したいものです。どうしても友だちを描けない場合には許容する方が良いでしょう。これまでの研究から示された、描画を読み取る際のポイントは次の通りです（田中，2012）。

①主に描かれた人物像の身体描画、顔の向き、顔の表情、目の描画、人物間のコミュニケーション内容に、描画者の学校生活におけるこころの状態、内的世界が表現されます。正面向きの教師像は、クラス全員を統制し、パワーをもった存在であることが推測されます。

図6-2　動的学校画描画例

②描かれる自己像、教師像、友だち像の人物観の距離は、近い場合には親密性、遠い場合は、不信感や拒否的な感情が含まれている可能性があります。たとえば、学級が荒れているクラスの児童の動的学校画は、荒れていないクラスよりも、教師と児童生徒の距離が大きく描かれる傾向があります。

③自己像は、主に描画者である児童生徒の、社会的な自己が投影され、友だち像は、こころの友だちイメージが投影されますが、時に描画者のきょうだいの投影であることもあります。一方、教師像は児童生徒の、観察自我や超自我の意味として描かれることがあります。

描画の内容から精神的な発達の様相、仲の良い友だちが誰なのか、心理的な距離、学校生活で興味や関心をもっていることが何かを推測することができるので、教育相談への導入にも役立ちますし、クラス全体の子供たちの関係性の質を拾い上げることができます。

🌱 第5節 ∶ 教師・保育者が精神分析を学ぶ意義

精神分析が誕生してから100年以上が経過しました。これまで精神分析への批判によって、認知行動療法や来談者中心療法など、数多くの心理療法やカウンセリング学派が生まれました。お金と時間のかかる治療であるといわれることもあります。しかし、対話を通して人は単純でもあり複雑でもあること、人とのしがらみによって苦しみ、人とのつながりによって生かされる存在であることをカウンセラーもクライエントも知る、見る、聞く治療法でもあります。また目的は精神疾患や症状の治癒だけではありません。集団、芸術、社会、歴史についても、その現象や美、醜悪さの本質を見ようとします。

では、教育、保育の現場で精神分析を学ぶ意義とは何でしょうか？精神分析の長い歴史において培われた概念、理論、治療技術は、友なき人の友となり、親なき人の親となり、自己不在の人に自己を呼び覚まし、子供でいられなかった人を子供にし、成長したいと願う人を育て、生きるための尊厳と主体性を獲得するために進歩を遂げてきました。ですから、教師や保育者が学ぶことで、その人自身だけでなく、教育し世話する子供たち、青少年たちを生かす（活かす）ことのヒントとともに、自分が自分に味方をすることができる「強み」、を手に入れられる意義があるといえましょう。

（田中　志帆）

〈引用・参考文献〉

エイブラム，J.，・ヒンシェルウッド，R. D.　木部則雄・井原成男　2020　クラインとウィニコット——臨床パラダイムの比較と対話——　岩崎学術出版社

アイビイ，A. E.　福原真知子・椙山喜代子・國分久子・楡木満生（訳編）1985　マイクロカウンセリング——“学ぶ—使う—教える”技法の統合：その理論と実際——　川島書店

ノフ，H. M.，・プラウト，H. T.　加藤孝正・神戸誠（訳）2000　学校画・家族画ハンドブック　金剛出版

メルツァー，D.，・ブレンナー，J.・ホクスター，S.，・ウェッデル，D.，・ウィッテンバーグ，I.　平井正三・賀来博光・西見奈子他（訳）2014　自閉症世界の探求——精神分析的研究より——　金剛出版

下山晴彦・石丸径一郎　（編）2020　公認心理師　スタンダードテキストシリーズ 3　臨床心理学概論　ミネルヴァ書房　pp.84-97.

田中志帆　2012　教育臨床アセスメントとしての動的学校画——教育相談・学校臨床への活用をめざして——　風間書房

Tustin, F. 1992 *Autistic States in Children. Revised Edition,* London : Routledge

ウィニコット，D.W.　橋本雅雄・大矢泰士（訳）2015　改訳　遊ぶことと現実　岩崎学術出版社

山中康裕（編）1984　中井久夫著作集別巻 1　H・NAKAI 風景構成法——シンポジウム——　岩崎学術出版社

〈読者のための読書案内〉

＊鵜飼奈津子『子どもの精神分析的心理療法の基本』誠信書房、2010 年：実際の精神分析的な遊戯療法を開始するまでの準備、用具、受付からアセスメントまでの説明があり、後半は多様な事例について論じられています。

＊小倉清・村田豊久・小林隆児『子どものこころを見つめて——臨床の真髄を語る』遠見書房、2011 年：長年児童精神科医として子供の治療に携わってきた精神科医が対談形式で現代の子供の心の課題を論じています。現代の発達障害過剰診断の風潮への警鐘をならし、人が人を治療することの重さと意義を伝えてくれます。

＊平井正三・上田順一（編）『学校臨床に役立つ精神分析』誠信書房、2016 年：教育現場で生じるさまざまな現象や、心の課題について、精神分析の「知」を応用して理解し、問題解決にあたる工夫に役立つ書であり、豊富な実践例が掲載されています。

7

カウンセリングの理論③：アドラー心理学

第1節 アドラー心理学とは

(1) 人間知を求めた心理学

　アドラー心理学（個人心理学とも呼ばれる）は、オーストリア出身の精神科医アルフレッド・アドラー（Adler, A.）によって、20世紀はじめに創設されました。アドラー自身の医師としての臨床経験に加え、古や同時代の哲学者、文学者、その他の分野の賢人たちの思想も取り入れ、人間全般に共通した「**人間知**」=「人間の本性を知ること」を探求した心理学です。アドラー心理学では、こころの不調を訴える人、問題行動を呈する人に起こっていることは特別なことではなく、これらの人々には共通した特徴が望ましくない方向に強く現れているのだと考えています。

(2) 共同体感覚

　アドラー心理学では、精神的に健康な人は、**共同体感覚**を備え、自分の課題に主体的に取り組むことができ、社会で他者貢献や協力ができると考えています。したがって、カウンセリングの場、教育現場、日常生活などにおいて、人の共同体感覚を育成し、それを社会の場で発揮することを目標にしています。共同体感覚は、アドラー心理学におけるもっとも大切な考えのひとつです。簡潔に説明することはなかなか難しいのですが、岩井（2014）は、「仲間とのつながり感覚であり、家族や地域、職場などの中での、所属感・共感・信頼感・貢献感を総称したもの」、岸見（2013）は、「他者を仲間だとみなし、そこに自分の場所があると感じられること」と説明しています。アドラー自身はいくつかの表現をしていますが、子供と共同体感覚について、共同体感覚は子供の正常性のバロメーターである（アドラー, 1930）と説明しています。こころの不調や

問題行動などは、人の共同体感覚が育まれていない状態、あるいは、人が共同体感覚を発揮できていない状態であるととらえます。

(3)劣等感と勇気

　共同体感覚を発揮できていない状態（＝こころの不調や問題行動など）には、人がもつ**劣等感**が関係していると考えます。アドラーは、体の器官に劣等性（客観的に見て、人のある特性がほかの人のそれより劣っていること）をもった患者を診察した経験から、彼らが自分の劣っている器官を、別の器官・能力で補っていることに着目し、人には劣等性を補償しようとする特性があると考えました。そして、この特性は、人がもつ劣等感にも共通していえると考えたのです。劣等感とは、自分の特性や能力などの属性について、他者や自分の理想と比べて、現在の自分が劣っていると、人が主観的にもつ感情です。

　アドラー心理学では、劣等感自体は、決して悪いものではないと考えています。劣等感をもつからこそ、人はそれをバネにして劣等感をなんとかしよう、といろいろな方法を考えて、その人なりに努力することができます。健全な方法＝共同体感覚を発揮する方法で努力すれば、向上心につながり、自己成長をもたらすと考えられます。このような状態を、劣等感を補償している、と表現します。しかし、劣等感が過剰に大きくなると、それを補償するのが大変になり、努力し続けることが難しくなってしまいます。やがて、人は、自分は何をやってもできない、だめな人間だと思ってしまいます。ついに、人は、自分の取り組むべき課題に直面すること、取り組むことを避けるようになります。劣等感などを言い訳に、やるべき課題に取り組まない状態を**劣等コンプレックス**と呼びます。また、過剰になった劣等感を隠そうと、望ましくない方向（＝共同体感覚を発揮しない方向）に、自分が優れていることを誇示する状態を**優越コンプレックス**と呼びます。一見、まったく異なった様相を見せるこれら２つの状態ですが、どちらも根底には、過剰に高まった「劣等感」があります。劣等コンプレックス、優越コンプレックスの状態が、こころの不調、それに関連した身体症状や問題行動となって現れます。

人が、劣等コンプレックス、優越コンプレックスといった状態になるのは、その人の**勇気**がくじかれているからだ、とアドラー心理学では考えます。人が劣等感を補償するためには、その人に勇気がなくてはなりません。八巻（2015a）は、「アドラー心理学では、『勇気』とは、健全・建設的に生きていくための能力のようなもの」と説明しています。岩井（2014）は、「リスクを引き受ける力」、「困難を克服する努力」、「協力できる能力の一部」と説明しています。そして、勇気がくじかれている人に対して、勇気を与える**勇気づけ**をすることがとくに重要であると考え、アドラー心理学では勇気づけの態度、かかわりを重要視しています。勇気づけについては、第2節、第3節で詳しく説明します。

(4)全 体 論

　人は、分割できないひとつの全体である、と考えます。こころとからだ、意識と無意識は、全体としてひとつであり、矛盾や対立するものではありません。また、人の行動も、一見、矛盾しているように思われる行動であっても、全体として見ると、そこには必ず一貫性があると考えます。

(5)主 体 論

　人にとって、育った環境や遺伝的要素は大切なものではありますが、それによってすべてが決まるわけではありません。これらに対して、人がどのような意見や意志をもち、どう行動するのかが、より重要であると考え、人の主体性を重要視します。人は自分の意見や意志をもち、みずから決断して行動しているのです。したがって、人は、変わる意志があれば、いつでも変わることができると考えています。たとえば、主体性がない、という人を考える場合、その人が主体性を発揮しないことをみずから選んでいる状態であると考え、その人に、主体性を発揮する意志があれば、主体性を発揮できると考えています。

(6)目　的　論

　人は、目標に向かって、目的をもって主体的に行動している、と考えます。目標・目的を意識していることもあれば、無意識的なこともあります。人のすべての行動、感情、そして、心身症のような身体的症状などにも目的があると考えます。アドラー心理学が、人の行動、現在の状態や症状などに関する原因を軽んじているわけではありません。原因（「なぜ」）も大切ですが、目標や目的（「何のために」）をより重要視しているのです。目標や目的を考えた場合、原因のみを考えた場合とは異なった推測や解決が可能となりえます。たとえば、怒った勢いでつい言いたいことを言ってしまった、という状態は、言いたいことを言う（目的）ために怒りを用いた、と理解し、目的達成には、怒るのではなく、もっと良い方法を考えてみよう、ということになります。

(7)認　知　論

　人は、起こった出来事、体験などを客観的にとらえるのは難しく、主観的にとらえています。たとえると、人は、自分専用のフィルター、あるいは色眼鏡を通して出来事、物事を見て、意味づけ、理解していることになります。自分専用のフィルターや色眼鏡のあり方は千差万別です。主観的な見解のなかには、社会において一般的、常識的な規範から逸脱した、極端で、自分だけに通用するものもあります。このような見解は共同体感覚を欠いたものとなるため、社会生活を送る上で、問題を生じさせることになります。たとえば、学校の先生は、絶対に自分のことなどわかってくれない、ととらえている子供は、学校生活を送る上で、さまざまな問題を抱えることになるであろうと推測されます。

(8)対人関係論とライフタスク

　「人のあらゆる問題は、結局のところ、対人関係の問題なのである」（アドラー，1928）と考えられています。したがって、人を理解する場合、個人の認知に加え、その人が生きている社会的文脈（環境や対人関係など）の理解も重要だと考えます。人の行動に関しても、目的論に加え、誰に向けられた行動であ

るのか、対人関係、社会的文脈を考えることも大切です。

　また、アドラー心理学では、社会的かかわりの違いによって、対人関係の領域を３つに分け、それぞれに人生の課題＝**ライフタスク**があると考えます。３つの領域でのタスクを、それぞれ、仕事（子供の場合は学校や学習）のタスク、交友のタスク、愛（家族）のタスクと呼びます。こころの不調や問題行動を呈している人は、これら３つの領域のどこか（複数のこともあります）で、問題が生じていて、関係性がうまくいっていないということになります。

(9)ライフスタイル

　これまで説明してきたアドラー心理学の理論を用いて、人の生き方、あり方をまとめたものが、ライフスタイルの理論です。ライフスタイルは、人の思考、感情（劣等感を含む）、行動パターンの総称、自分自身・他者・世界に対する人の信念のまとまり、人生を生きるための運動の法則などと説明されます。ほかの心理学が示すところの、性格や人格などに近いと考えられます。現代アドラー心理学では、人のライフスタイルの原型は10歳頃までに作られると考えられています。

第2節　アドラー心理学の技法

(1)勇 気 づ け

　人に勇気を与える勇気づけは、アドラー心理学の中核的理論であると同時に、技法であるともいえます。しかし、技法といっても、勇気づけにはとくに決まった方法が存在するわけではありません。どんな態度やかかわりが勇気づけになるのか、場合によって、相手によってさまざまなので、試行錯誤しながら勇気づけすることになります。ここでは、勇気づけの特徴について説明します。

①　勇気づけとほめることの違い

　勇気づけとほめることを比較しながら説明します。両者には、共通点もあり、どちらも相手の良い面に注目することは同じだと思われます。ほめる場合を考

えてみると、たとえば、「○○ができたら、ほめる」ということが多いと思われます。これは条件づきで、結果が重視され、評価的な態度で、上下関係で行われることが多く、ほめる側の価値観が反映されやすいという特徴があります。また、相手が失敗した場合には、残念ながらほめることができません。

　一方、勇気づけは、信頼関係に基づき、無条件で、結果よりもプロセスを重視し、共感的で、横の関係を意識し、勇気づけられる側の興味関心に焦点を当てて行われるという特徴があります。また、失敗した時でも、その時の気持ちに寄り添ったり、これからどうしていけばよいのかなどを一緒に考えたりすることで、勇気づけることができます。浅井（2019）は、調査研究から、勇気づけにつながるかかわりの要素として、「内的リソースの認識」、「つながりの感覚」、「解決への見通し」を見出し、「自分の持つ豊かなリソースに気づき、周囲の人々から支えられていると実感し、問題を解決するための見通しを獲得することで勇気が喚起される」と述べています。筆者は、人が自分には味方がいるという安心感をもちながら、みずからの課題に主体的に取り組めるように働きかけることが勇気づけであると感じています。ですから、相手の代わりに課題を解決することは勇気づけではありません。

（2）課題の分離と共同の課題

　勇気づけのかかわりを実践するためには、**課題の分離**の技法も必要です。課題の分離は、アドラー心理学のオリジナルの考え方ではないそうですが、「対人コミュニケーションを重視するアドラー心理学らしい技法概念の一つ」（八巻，2015b）といえるかと思われます。対人関係の問題がうまく解決できない時には、課題の分離がうまくできていないと思われます。課題の分離とは、簡単に説明すると、今、目の前で起こっている問題は、誰が主体的に解決するべき問題なのかを考え、自分が解決するべき課題と、他者が解決するべき課題とを分けて考えることです。

　例をあげて説明します。"子供が、何度言ってもなかなか宿題をやらないので、母親が毎日イライラする"、という場合を考えてみましょう。まずは思い

切って、課題を分離します。"子供が、なかなか宿題をやらない"のは、子供の課題です。そんな子供に対して"母親が毎日イライラする"のは、母親の課題です。宿題をやらないのは、子供の課題なので、課題の分離に沿って考えると親には関係がありません。また、母親が毎日イライラするのは、母親の課題なので、子供には関係がありません。子供が宿題をやらないのであれば、口を出さずに放っておく、ということになります。しかし、親であれば、少しでも宿題をさせよう、と思うのではないでしょうか。そこで、次に、「共同の課題」が考えられます。

　「共同の課題」とは、相手の課題によって自分が迷惑を被っている場合、あるいは相手から解決への協力を求められた場合など、両者の同意を経て、お互いが協力して解決することになった課題のことです。先ほどの例では、宿題を手伝ってほしいと子供が親に頼み、親が同意した場合や、親が手伝うことを提案し、子供が手伝いをお願いした場合に「共同の課題」になります。「共同の課題」となっても、もともとの課題の持ち主が主体的に問題解決を試みることは変わりません。親があまりにうるさく言うことは、相手の課題に過剰に関わっていることになります。親に言われるからやるのではなくて、本人が主体的に取り組もうとする姿勢が大切です。くり返しになりますが、子供の代わりに親が宿題をやってしまう、というようなことは、相手の課題を解決してしまうことになるので、やがては、相手の勇気をくじくこと（例：自分は宿題ができない）、あるいは相手の共同体感覚の育成を損なうこと（例：宿題は人がやってくれるのが当然だ）になりかねませんので、避けることが必要です。「共同の課題」にするためには、前提として、自分と相手との信頼関係が築かれていることも必要だといえましょう。

　対人関係で問題が生じた時に、課題の分離、共同の課題の技法を用いて、問題を整理した上で解決策を考えてみると、思ったよりも問題は難しくないかもしれません。

第3節 学校・保育現場に活かすアドラー心理学

第1節、第2節で説明した理論や技法をすべて理解して活用することは、心理臨床の専門家でもなかなか大変なことです。そこで、ここでは、学校・保育現場で活用していただきたいことを、次の2つに絞って説明します。

(1)不適切な行動の4つの目標（目的）と対応について

アドラーの高弟であったドライカース（Dreikurs,R.）は、目的論に基づいて、

表7-1　不適切な行動の4つの目標

目標	内容
注目・関心をひく	自分が注目され、関心を示されている時にのみ、自分には居場所があると感じるので、注目・関心をひこうとします。周囲のおとなは、このような子供の行動に困惑し、注意と説教をすることが多くなります。おとなの注意に対して子供はいったん行動をやめますが、別の問題行動で注目をひこうとします。注意、罰、報酬、説教などは、子供に注目することになってしまいます。可能であれば、子供の不適切な行動を無視して、子供の適切な行動に注目します。適切な行動を教えることも大切です。
権力闘争をする	おとなと権力・支配権をめぐって争います。それに勝ち、自分が相手を支配・コントロールしている時にのみ、自分には居場所があると感じます。周囲のおとなはこのような子供の行動に対して、怒りを感じ、挑戦された、自分の権威が脅かされていると感じ、権力闘争に応じて争うか、屈服してしまいます。どちらも子供の権力欲求を高めてしまうことになるので、争わないこと、支配・非支配の関係性にならないようにすることが大切です。子供に協力を求め、周囲のためになるよう力を発揮してもらうように関わります。
復讐する	自分が深く傷つき、愛されていないと感じています。自分と同じように他者を傷つけた時にのみ自分には居場所があると感じ、相手を傷つけようとします。周囲のおとなは子供のこのような行動に対して、深く傷つき、やり返したいと思ってしまいます。おとながやり返してしまうと、子供の復讐のための行動はますます強くなってしまうか、別の復讐の方法を取るようになります。お互いが傷つくことを避け、罰や報復を避けることが大切です。子供が愛されていると実感できるように、信頼関係を築く方法を考えます。関係がこじれてしまった場合は、専門家などの第三者に助けを求めることも必要です。
無気力の誇示	自分は無力で何もできないと思っているので、自分に期待をしても無駄だと他者に思わせた時にのみ、自分には居場所があると感じています。周囲のおとなは、この子は何もやらないので、もうだめだという絶望感、無力感をもってしまい、何かをさせようとすることを諦めてしまいます。そんなおとなの態度に接して、子供はますます消極的になってしまい、何の改善も見られなくなってしまいます。おとながそのような子供の態度を非難せずに、少しでも適切な行動が見られたら勇気づけをします。本人の長所、強みに注目し、おとなが決して諦めないことが大切です。

子供がどういうわけで問題行動を起こすのか説明する理論を作りました。子供には基本的な欲求として、「居場所が欲しい」「愛されたい」という所属欲求があると考え、それが満たされていない時、所属欲求を満たすための誤った表現（共同体感覚に欠ける行動）として、問題行動が起きると考えています。子供の不適切な行動の4つの目標（目的）と対応（ディンクマイヤーら，2016）について、表7-1に説明をします。

　権力闘争と復讐は、行動的にも感情的にも表出が激しく、それに対する保育者・教師の対応も大変かと思われます。一方、無気力を示す子供は、行動的・感情的な表出が少ないので、対応がわかりにくいかと思われます。

　学校・保育現場では、このような不適切な行動をとる子供たちによく出会うと思われます。どのように理解し、対応したらよいのか迷った際には、ぜひ、この不適切な行動の4つの目標の考えを活用していただければと思います。その際には、このような行動をとる子供たちは勇気がくじかれているので、勇気づけが必要であるということも念頭に置いていただければと思います。

(2)子供たちのなかに共同体感覚を育む勇気づけのかかわり

① 子供を勇気づける

　学校・保育現場で活用、実践していただきたいことのひとつは、やはり、勇気づけのかかわりです。勇気づけについては第2節の技法でも説明しましたが、簡単そうで、実は難しいのではないかと思われたのではないでしょうか。筆者も勇気づけを学んだ当初は、勇気づけの理論はわかっていたのですが、実際にどういうことが勇気づけになるのかよくわからず、相手を勇気づけなければ、と気合いが入り、空回りしていたように思います。今思えば、すでにこの時点で勇気づけの態度ではなかったのだと思います。勇気づけは態度からと言われていて、難しいことは考えず、できることから始めていただければと思います。たとえば、子供がしてくれたことに「ありがとう」と伝えてみること、当たり前だと思えるけれども、できていることに注目すること、一緒に喜んだり、悲しんだりすること、時にはそっと見守ることなどが勇気づけになると思われま

す。どういうことが勇気づけになるのかわからないという方は、まずは、自身の行動をふり返り、もし子供の勇気をくじくこと（気持ちを無視する、否定的な態度をとることなど）をしていたのであれば、それを控えることから始めてみるのもひとつの方法かと思われます。

② 子供同士が勇気づけしあう関係を築く

アドラー心理学に基づいた学級経営のひとつに「クラス会議」があります。赤坂（2014）は、「子どもたちが生活上の問題を議題として出し、クラス全員で解決策を探す」時間で、話しあいの時間であり、学級会のイメージであると説明しています。アドラー心理学流の学級会は、お互いを責めたり、言いあったりするようなものではなく、お互いをわかりあい、みんなが納得した上で、協力して問題解決を目指すものです。クラス会議には決まった形式はないそうですが、赤坂が実施しているクラス会議のプログラム（赤坂, 2014）では、まずは、クラス会議に必要な態度やスキルを身につけることを目標に行い、これを数回経験した後、子供たちだけで、自分たちの問題を解決するクラス会議を実施することを目標にしています（ここでは紙面が限られているので詳しい説明は割愛します。文献を参考にしてください）。

クラス会議をするなんて時間もかかりそうだし、内容も難しそうだし、実践なんて無理だと感じる方もいらっしゃるかと思います。まずは、他者を思いやる勇気づけの態度、共同体感覚を育むことを目的に、クラス会議に必要な手法を身につけるためのワークの一部を切り取って実践してもよいのではないかと思われます。

🌱 第4節 ： 教師・保育者がアドラー心理学を学ぶ意義

アドラーは、人の劣等感や共同体感覚に働きかけるには、幼少期が重要であると考え、子供時代を重要視し、第一次世界大戦後のウィーンに児童相談所を開設し、戦争孤児や教育が難しいと思われる子供たち、彼らに関わる教師や保護者の相談に乗っていました。そのため、アドラー心理学は、子供の教育につ

いて、共同体感覚の育成を目標とするという明確な考えをもっており、教育現場との相性が良く、活用しやすい心理学なのではないかと筆者は考えています。アドラー心理学を学ぶことで、子供のどのような姿を目標とすれば良いのか、おとなが子供に対してどのような態度で接すれば良いのか、子供をどのように理解し、不適切な行動に直面した場合には、どう対処したら良いのか、などに関しての多くのヒントを与えてくれると考えます。

　また、アドラー心理学は教育に関するさまざまな場面で活用できる汎用性の高い心理学であると筆者は考えています。筆者はスクールカウンセラーとして教育現場に携わっていますが、スクールカウンセリングでも活用しやすい心理学だと実感しています（山口，2020）。学校・保育現場の日常的な場面、子供とのかかわりのなかで活用していただけることはもちろんのこと、教育相談の場面や、保護者との面談の場面でも、活用してもらえる理論や技法があると思われます。そして、近年、教育現場では、「チーム学校」という考えが主流となりつつあり、学校で問題が起こった場合は、教師同士あるいはほかの専門職と協働することが求められています。協働に必要な能力は、勇気づけのかかわりや共同体感覚の育成・発揮によって養われるのではないかと筆者は考えています。アドラー心理学からの学びが、子供たちや、学校・保育現場で働く方々の一助となれば、大変嬉しく思います。

（山口　麻美）

〈引用・参考文献〉

アドラー，A.　岸見一郎（訳）　2014　子どもの教育　アルテ

アドラー，A.　岸見一郎（訳）　2012　個人心理学講義　アルテ　p.132

赤坂真二　2014　赤坂版「クラス会議」完全マニュアル――人とつながって生きる子どもを育てる――　ほんの森出版　p.21, 30

浅井健史　2016　第3章アドラー心理学の中核概念と心理援助モデル　箕口雅博（編）コミュニティ・アプローチの実践――連携と協働とアドラー心理学――　遠見書房　p.50

ディンクマイヤー・ジュニア，D.　カールソン，J.　ミシェル，R. E.　浅井健史・箕口雅博（訳）2019 学校コンサルテーションのすすめ方――アドラー心理学にもとづく子ども・

　　親・教職員のための支援—— 　遠見書房　p.58

岩井俊憲　2014　人生が大きく変わるアドラー心理学入門　かんき出版

岸見一郎・古賀史健　2013　嫌われる勇気——自己啓発の源流「アドラー」の教え—— 　ダ
　　イヤモンド社

山口麻美　2020 小学校でのスクールカウンセリングに活かすアドラー心理学——どうすれば
　　子ども、保護者、教員を勇気づけられるのか—— 　アルテ

八巻秀　2015a　第 8 章　勇気づけ　鈴木義也・八巻秀・深沢孝之　アドラー臨床心理学入
　　門　アルテ　pp.100-110

八巻秀　2015b 第 12 章　課題の分離　鈴木義也・八巻秀・深沢孝之　アドラー臨床心理学入
　　門　アルテ　pp.145-156

〈読者のための読書案内〉

＊会沢信彦（編）『アドラー心理学を活かした学級づくり』学事出版、2017 年：アドラー心
理学の理論をどのように学校現場で活かすのかについて、複数の実践者が、実践事例を用
いて説明しています。

＊赤坂真二『教室に安心感を作る　勇気づけの学級づくり・2』ほんの森出版、2011 年：
みずからの教師経験をもとに、アドラー心理学に基づく学級経営や教師が教室で実践でき
るワザを紹介しています。

＊アルフレッド・アドラー　岸見一郎（訳）『子どもの教育』アルテ、2014 年：子供の教育
についてアドラー自身の考えが記されています。20 世紀初期のアドラーの子供の教育に
関する理論は、現代にも通ずる点が多いと感じさせられます。

カウンセリングの理論④：交流分析

8

🌱 第1節 ┊ 交流分析とは

　交流分析（Transactional Analysis：以下 TA）は 1957 年に、アメリカの精神医学者エリック・バーン（Berne, E.）によって創始されたパーソナリティ理論であり、その理論による心理療法です。精神分析を出発点とし、人間性心理学を統合し、分析の対象を「精神」から「交流」に変えた実践的な心理学です。また、人の交流を分析して理解するという体系的な心理学です。交流分析の理論は、人は誰でも、自分で考える能力をもち自分の運命を決めることができ、その決定は変えることができるという哲学的前提に基づいていると考えることができます。つまり、自分の現在の状況の不適応に気づき、それを修正して、自分らしい生き生きとした日常を送るという自己実現がゴールといえます。わが国では、もともと、心身医学領域で心理療法のひとつとして発展してきましたが、現在ではそのわかりやすさ、使いやすさから医療現場のみならず、教育現場、企業・産業現場、司法矯正の場あるいは日常生活の場などで広く利用されるようになっています。

　TA には、**自我構造分析、やりとりの分析**（交流パターン分析）、**ゲーム分析、脚本分析**の4つの理論と脚本やゲームの成因を理解するための基本的概念として、ストローク、時間の構造化、基本的構えなどがあります。ここでは、4つの理論とストロークについて説明をします。

（1）自我構造の分析

　TA でもっとも基礎となるのは、**自我状態**の概念です。自我状態は、人がある時点で示すパーソナリティで、相互的に関連しあう思考、感情、行動のセットとしてとらえます。「思考、感情」という内的体験と「行動」という外から

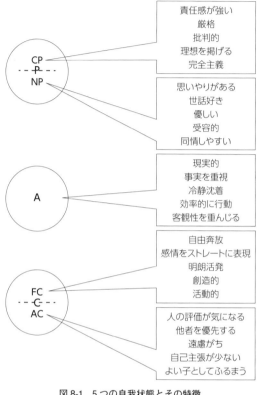

観察して記述できるものをセットにしていることがポイントとなります。自我状態は、「親（Parent：以下 P）」、「成人（Adult：以下 A）」「子供（Child：以下 C）」の 3 種類があり、さらにその 3 つの自我状態には、批判的で支配的な親の自我状態（Critical Parent or Controlling Parent：以下 CP）、養育的な親の自我状態（Nurturing Parent：以下 NP）、成人の自我状態か（Adult：以下 A）、自由な子供の自我状態（Free Child：以下 FC）、順応した子供の自我状態（Adapted Child：以下 AC）の 5 つの機能を有しています（図 8-1）。人のパーソナリティを理解する場合には、この概念を用います。自我構造の分析では、ある場面に遭遇した時の反応の仕方を分析します。5 つの自我状態の特徴を図 8-1 に示します。

図中の自我状態とその特徴：

責任感が強い
厳格
批判的
理想を掲げる
完全主義

思いやりがある
世話好き
優しい
受容的
同情しやすい

現実的
事実を重視
冷静沈着
効率的に行動
客観性を重んじる

自由奔放
感情をストレートに表現
明朗活発
創造的
活動的

人の評価が気になる
他者を優先する
遠慮がち
自己主張が少ない
よい子としてふるまう

図 8-1　5 つの自我状態とその特徴

　バーン（Berne, E.）の弟子のデュセイ（Dusay, J.）は、各自我状態のエネルギー量を直感的に把握する方法として、**エゴグラム**を考案しました。本邦では、心理的アセスメントや自己分析のために客観的に把握できるよう、心理検査の質問紙法としてのエゴグラムが開発されました。

（2）やりとり（交流）の分析

　相手に働きかけ、相手もその刺激に反応するというやりとりを①で示した自我状態の概念を用いて分析していく「やりとりの分析」があります。人と人とのあいだに起きていることを理解する方法ですが、どのようなメッセージのやりとりが適応的な人間関係を構築し、どのようなメッセージのやりとりが人間関係をこじらせるのかを分析していきます。これは、対人関係の分析になります。交流パターンの分類には、交流の特徴により相補交流（平行交流）・交叉交流・裏面交流に分けられます。

①　相補交流

　相補的交流は、図8-2に示したように、特定の自我状態から発せられたメッセージが、相手の自我状態に向けられ、期待通りの自我状態からの反応となり、ベクトル（矢印→）は平行線を示します。言語的なメッセージと表情や態度などの非言語的メッセージが一致しています。そのやりとりは、中断することなく持続する可能性があります。

②　交叉交流

　交叉交流は、ある反応を期待して始めた交流に対して、予想外の相手の自我状態から反応が返ってくる場合の交流です。図8-3のような、刺激と反応のベクトルが交叉し、2人のコミュニケーションが中断する交流です。コミュニ

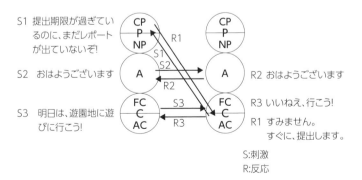

S1　提出期限が過ぎているのに、まだレポートが出ていないぞ！

S2　おはようございます

S3　明日は、遊園地に遊びに行こう！

R2　おはようございます

R3　いいねえ、行こう！

R1　すみません。すぐに、提出します。

S:刺激
R:反応

図8-2　相補交流の例

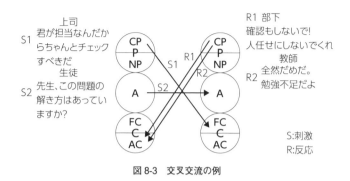

図8-3　交叉交流の例

ケーションを再開するには1人もしくは両者が自我状態を移行させる必要があります。もし、コミュニケーションを中断したい場合は、ベクトルが交差するようにすると、交流は中断することができます。

③ 裏面交流

　裏面交流は、1人の人間が、相手の1つ以上の自我状態に向けて、同時に言語で表現されたメッセージを発信する複雑なやりとりです。表面的な社交のレベルのメッセージの裏に、本来の目的である本当の意図や欲求という心理的なレベルからのメッセージが隠されています。この場合、言語的なメッセージと表情や態度などの非言語的メッセージは一致していません。裏面交流の行動的結果は、社交のレベルではなく心理的レベルで決定されます。つまり、この決定という意味は、人が、2つのレベルでコミュニケートしている時は、実際に起こるのはいつも裏のメッセージの結果であるということです。しかし、裏のメッセージにどう反応するかは、受け手に任されます。裏面的交流には、1つの自我状態から表と裏の2つのメッセージが同時に発信されるものと図8-4のような1組の交流にそれとは異なるもう1組の交流が隠されているものとがあります。

(3)ストローク

　人とのやりとりのなかで、相手の存在を認めていることを伝え、相手もそれ

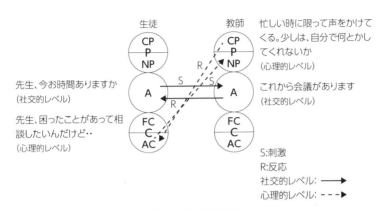

生徒　　　　教師　　忙しい時に限って声をかけて
　　　　　　　　　　くる。少しは、自分で何とかし
　　　　　　　　　　てくれないか
　　　　　　　　　　（心理的レベル）

先生、今お時間ありますか
（社交的レベル）　　　　　　　これから会議があります
　　　　　　　　　　　　　　（社交的レベル）

先生、困ったことがあって相
談したいんだけど‥
（心理的レベル）

S:刺激
R:反応
社交的レベル: ⟶
心理的レベル: - - -▶

図 8-4　裏面交流の例

に応えるというような、「相手の存在を認めるはたらきかけ」を TA では、ストロークと言い、心身の健康にはストロークの交換が不可欠であると考えます。

　ストロークは、言葉によるものとそうでないもの、「ポジティブ」と「ネガティブ」、「条件つき」と「無条件」に分類できます。ポジティブなストロークは、肯定的な評価・承認・愛撫などであり人間にとって快適なストロークで、相手に幸福感と喜びを与え、ネガティブなストロークは、「あなたはダメだ」のメッセージになり、受け手が心の痛みを感じるものとなります。表 8-1 に 2

表 8-1　ストロークの種類

	身体的ストローク	言語的ストローク	心理的ストローク
ポジティブなストローク	（肌の触れ合い） なでる　さする 抱きしめる 握手をする 愛撫する　など	慰める 褒める 励ます あいさつをする など	ほほえむ うなずく 視線を合わせる 話をよく聴く など
ネガティブなストローク	たたく、殴る つねる、蹴る その他の暴力的な 行為など	叱る 悪口を言う 非難する せめる 皮肉を言う　など	返事をしない 嘲笑する にらみつける 無視する 信頼しない など

つのストロークの種類の例を示します。条件つきストロークは、なんらかの条件を満たしてようやくストロークが得られるもので、しつけや社会性にとって欠かせません。しかし、これのみですと自分の本質そのものが否定され、他人の価値評価に左右され自分を見つけられなくなり、条件が外れたり、取り除かれるとパニックに陥ることもあります。無条件のストロークは、相手の人格と存在そのものに与えられ、お返しや条件が一切つかないのでインパクトが強いものになります。クロード・スタイナー（Steiner, C.）は、ストロークのなかには、1. 与えるストロークをもっている時にストロークを与えるな、2. ストロークが必要な時でもストロークを求めるな、3. もしそのストロークが欲しい時でも受け取るな、4. 欲しくないストロークでも拒否するな、5. 自分自身にストロークを与えるな、という5つの法則性（ストローク経済の法則）があることを提唱しました。私たちは、この5つの法則を打ち破ることが、より良い人間関係を築くことにつながるといえます。

　なお、TAでは、ストロークを効率よく得るために、個人が生活時間をどのように過ごすかを計画立案することを「**時間の構造化**」といいます。

(4)ゲーム分析

　ゲーム分析は、人と人とのやりとりのなかで不快感をもたらすようなやり取りの仕方を理解する方法です。交流分析におけるゲームとは、ルールをくり返す一連のやりとりで、不快な感情を残して終結するようなパターン化されたやりとり（心理ゲーム）のことをいいます。ゲームには、次のような特徴があります。

①　相補かつ裏面交流

　心理ゲームは、一見交叉的交流のようにみえるやりとりが、よく観察すると明瞭で予測可能な結果に向かって進行していく一連の相補かつ裏面交流という特徴をもちます。裏面性と結末という2つの特色をもち、単なる社会的な会話や雑談とは、はっきりと区別されるものです。

② ゲームには、当人もまったく気づかない動機や目的が隠れている

　たとえば、授業中に先生から何回も注意されたにもかかわらず、私語をくり返し、とうとう先生から叱られ廊下に出されてしまう生徒などは、この種のゲームを演じているといえます。このようなゲームを TA では、「キック・ミー」といいます。この場合、生徒は、先生が寛大な態度で対応すればするほど、これでもかというように私語を続け、最後には先生の怒りを誘発しようと図るのです。このように、相手を挑発して自分を拒絶・処罰させようとする目的が隠されているのです。隠れた動機とは、愛情と承認との欲求（ストローク）の飢えからくるものです。

③ ゲームの結末には、ある特定の感情が伴う

　ゲームは、隠れた動機や目的をもった交流であるため、なかなか気がつきませんが、自分の感情に注目することで自分がゲームを演じているのか、相手のゲームにひっかかっているのかに気づくことができます。たとえば、ある特定の人間との関係で、くり返しくり返し不快な気分を味わう時には、ゲームを演じていたり、相手のゲームにのってしまったと考えることができます。ゲームに伴う主な感情は、怒り、劣等感、憎悪の念、抑うつ感、恐怖、疑いなどがあります。対人関係で、このような感情を反復して体験する時には、結末に注意すべきでしょう。このようなゲームに伴う不快な感情を TA ではラケット感情といいます。

④ ゲームはゆがんだ形ではあるが、自己の存在認知を図るものである

　ゲームの後に「どうしてあんな馬鹿げたことをしてしまったのだろう」「頭ではわかっているけれど、その時になるとコントロールができなくなってしまう……」というように決まって出てくる言葉があります。どうして、非建設的な結末を予測しながらも、ゲームを演じてしまうのでしょうか。TA では、幼児期から身についたある種のゆがんだ感情（C）の習慣が現在の理性（A）のはたらきを支配しているためだと考えます。子供にとってストロークは、心身の成長に欠かせないものです。しかし適切な（ポジティブな）ストロークが親からもらえなかったり、無視されるような場合、子供は症状を呈したり、困った行

動をして親の注目をひいて叱られていた方がまだましだと、自分の存在を認め
てもらうために非建設的で不適切なストロークを得るような人間関係を作って
しまう癖を身につけていくのです。

⑤　結末では、基本的構えのゆがみが証明される（否定的な評価を確認する）

　ゲームは、幼少期に形成された人生態度（基本的構え）を反復し、自分の存在
や愛情の多少を確認したいという欲求に動機づけられています。ゲームでは、
相手と自分に対する感情には、「ダメだ」「どうしようもない」といった否定的
な評価にあふれています。つまり、自他に対する否定的な構え（私はOKでない、
あなたもOKでない）を証明しようという傾向がみられるのです。

　心理的支援の場面ではゲームの法則、目的、結末について、クライエントと
話しあい、交流分析についての教育を通し、ゲームをコントロールできるよう
クライエントが練習し、建設的な生き方を選択できるように援助していきます。
難治例では、生育歴にまでさかのぼり、ゲームのもとになっている発達的な観
点よりアプローチすることもあります。

(5)脚 本 分 析

　脚本とは、人が幼児期の体験から無意識のうちに書き上げた自分自身の人生
計画です。人生設計は幼少期に作られ、両親や周囲から補強され、その後に起
こるさまざまな出来事によって確信され、完成します。脚本の理論は、自我状
態のモデルを併せて交流分析の理論の中心的な理論として位置づけられていま
す。脚本を自己実現という観点からみると、自分で決めた人生の目標を達成す
る「勝者」、自分で決めた人生の目標を達成しない「敗者」、そして毎日を大過
なく過ごし、大きな失敗もない代わりに勝利をおさめることもない「平凡（勝
つことがない）」の3種類の脚本に分類することができます。

　交流分析では、人は自分の脚本がどのようなものであり、どのように形成さ
れてきたかを理解することにより、適応的でない脚本があれば書き換えること
によって適応的な自分らしい人生を送ることができると考えます。個人の生き
方をみていくので、これは自己分析と考えることができます。

第2節　交流分析の技法

(1) エゴグラムを用いた技法

エゴグラムの活用は、次の3点があげられます。
①日常生活において相談者（児童・生徒）自身が実際にどのように行動するかという側面を測定できる、②相談者自身が意識している行動や思考など、観察可能な行動をとらえることができる、③実際の行動とエゴグラムを対比しながらアセスメントや支援に生かすことができる。

　以上のことから、面接者の相談者の理解に加え、結果をフィードバックされることにより、相談者自身の自己理解が促進され行動変容への一助となります。

(2) ストロークを得るための技法

　私たちのストロークの貯金箱（心）にポジティブ・ストロークをいつも80%くらい維持できていると、自信がつき、大丈夫という感覚をもてることで、生き生きと楽しい生活ができます。

　ポジティブ・ストロークをいつも80%くらい維持するには、①与えるべきストロークがあれば、そのストロークを相手に与える、②欲しいストロークは、相手に求める、③欲しいストロークが来たら、それを受け取る、④欲しくないストロークは、受け取らないようにする、⑤自分自身にストロークを与える、というようなストローク経済の法則を打ち破るという方法があります。

(3) 心理ゲームに巻き込まれないための技法

　ゲームからの脱却や予防には、①交叉交流を用いる、②否定的ストロークに強く反応しない、③ラケット感情をストロークしない、④非生産的な時間を費やさない、⑤Aを用いて、ゲームのからくりと結末を考え抜き、結末を避ける決断と計画を実践する、⑥日常生活で、普段から適応的な相補交流を心がけ、ポジティブ・ストロークを相手に与える、⑦心身の弛緩と緊張のバランスが適度に保たれている成人の自我状態Aの姿勢をとる、などの方法があります。

ここでは、TAの理論を用いた基礎的な技法を提示しましたが、その他の心理療法の理論を用いた再決断やロールレタリング、エンプティチェアの技法など、交流分析の発展した技法があります。

第3節　学校・保育現場に活かす交流分析

(1)面接場面やかかわりにエゴグラムを活用する

　エゴグラムの検査結果は、グラフにより視覚化されていることで、児童・生徒にも理解しやすく、結果を共有しながら面接を進めることでき、児童・生徒の自己理解や行動変容の一助となります。次のように、エゴグラムを活用してはどうでしょう。①エゴグラムを実施して、5つの自我状態の説明を行い、その結果を児童・生徒と一緒にみていく、②高い自我状態やエゴグラムパターンの特徴をフィードバックし、実際の生活で一致や不一致、相談している主訴と関連しているかなどを話しあう、③2でのやり取りをふまえて、自分自身はどのようなエゴグラムになりたいのかを考えてもらう、④低い自我状態について注目をして、表8-2のアドバイスをもとにその自我状態を高めるための具体例を示し、日常生活で実践することを提案する。自我状態は、状況に応じてどの自我状態も使えることが必要です。まずは、低い自我状態を高めることを目標にします。

(2)児童・生徒や保護者との交流に活かす

　教育現場では、子供同士、子供と教師、教師同士、子供と親、教師と親というようにさまざまな人間関係が存在します。くり返されるこじれた関係には、ゲームの存在が考えられます。自我構造分析、やり取りの分析、ゲーム分析の理論を用いて、教師・保育者の成人の自我状態Aを機能させ、結末を予想し対応の仕方を検討することができます。心理ゲームに巻き込まれないためには、相手から挑発してくるゲームに乗らないように対応策を講じることが必要です。また、教師・保育者自身がゲームをしていることもありますので、ゲームのか

表8-2　エゴグラムの活用

得点が高い場合のマイナス面へのアドバイス				
完全主義をやめ、相手の良い面や考えを認める。相手の立場を思いやるゆとりと、自分の仕事や生活を楽しむようにする。	相手との関係を客観的に考える。おせっかいや干渉しすぎにならないように気をつける。自分自身にも養育的になる。	合理的な判断だけでなく、自分や相手の気持ちに目を向ける。チームワークや弱者に対して配慮する。	その時の気分や感情で行動せず、後先を考えるようにする。一呼吸おいて行動してみる。	感じたことを、ためらわずに表現する。自分に自信のあることを実行してみる。
↓	↓	↓	↓	↓
CP	NP	A	FC	AC
↑	↑	↑	↑	↑
自分自身に責任をもたせて行動する。物事のけじめを大切にする。批判の芽を育てる。だめなものはだめと相手に伝える。	相手に思いやりをもつようにつとめる。家族や友人にサービスをする。動物の世話や花や植木を育ててみる。	情報を集め、さまざまな角度から物事を考えてみる。考えをまとめてから相談する。5W1Hを用い筋道を立てて考える癖をつける。	リラックスする。感じたままを表現してみる。スポーツや旅行などをする。	相手の立場に立って考える。相手の意見を聴く。相手を立て、尊重する。人にゆずる。
得点が低い場合のマイナス面へのアドバイス				

らくりを明らかにすることで、自己理解にもつながり、自分自身がゲームを演じないようコミュニケーションのあり方を身につけることができます。

第4節　教師・保育者が交流分析を学ぶ意義

　教師・保育者が子供と関わる時に、公認心理師などの専門職のような支援を求められているわけではありません。日常生活空間である学校という場で、子供たちを多角的に理解し的確な指導や支援をしていくことではないでしょうか。そのためには、信頼関係を構築しながら関わり、子供たちを理解・支援し、必要とされる多職種や他機関と連携をしていくのだと思います。

しかし、子供たちとのコミュニケーションには、教師・保育者の認知や価値観、性格などが関係しているのです。そのため、子供たちを理解するためには、対象となる子供の理解だけでなく、教師・保育者の自己理解が必要です。それによって、自身のフィルターによって客観的な理解が阻害されることを防ぐことができます。また、教師・保育者がストローク不足になっていれば、子供たちにストロークを与えることができません。日頃からの、ストロークの相互交換ができるような職場環境作りも教師・保育者の心身の健康のために重要なものであると考えます。子供や教師・保育者の心身の健康や気づき、自律性の獲得による自己実現にTAの理論が役立つと考えます。

（田副　真美）

〈引用・参考文献〉

Berne, E. *Principles of Group Treatment* Grove Press New York 1964 Dusay, J.M.1977
　　Egograms – How I See You and you See Me. New York : Harper & Row .
今西一仁　2010　紙上ゼミナールで学ぶやさしい交流分析　ほんの森出版
中村延江・田副真美・片岡ちなつ　2012　初学者のための交流分析の基礎　金子書房

〈読者のための読書案内〉

*今西一仁『紙上ゼミナールで学ぶやさしい交流分析』ほんの森出版、2010 年：教育現場で活用できる TA の理論と技法を実践的に学べます。
*イアン・スチュアート、ヴァン・ジョインズ　深沢道子（訳）『TA TODAY――最新・交流分析入門』実務教育出版、1991 年：基礎から応用まで、TA のすべての理論がこの本をみれば学べます。
*中村延江・田副真美・片岡ちなつ『初学者のための交流分析の基礎』金子書房、2012 年：TA の基礎を図解とワークでわかりやすく学べます。

9

カウンセリングの理論⑤：認知行動療法

第1節 ： 認知行動療法とは：理論の概説

　認知行動療法とは、人の考え方（認知）、ふるまい方・行動の仕方（行動）にアプローチをして、ストレス状況における対処能力を身につける心理療法です。この療法は、**ベック**（Beck, A. T.）が、うつ病患者に特有の思考様式があることに注目して提唱しました（Beck, 1976）。その後研究や実践が進み、こころの問題がある成人だけでなく、健康な成人や児童生徒に対する援助においても効果があることが確認されています。

　現代はストレス社会といわれますが、私たちは日常生活で多くの**ストレッサー**（ストレスのもととなっているもの）にさらされて、**ストレス反応**（ストレッサーの影響で生じるこころや身体の不調）が生じています。

　「ストレスのない世界に行きたい」と話す人もいますが、小さなことでもストレッサーになる可能性があり、ストレッサーをなくすことは困難であり、問題がまったくない人生はないといえます。ただし、同じストレッサーでも人によってストレス反応は異なります。同じストレッサーにさらされても、ピンピンしている人もいれば、調子を崩してしまう人もいるでしょう。その違いは何でしょうか。認知行動療法では、その違いは人それぞれストレスへの対処能力が異なるために生じると考えます。そしてその対処能力はスキルなので身につけることができると考えるのです。本章では、認知行動療法の技法として、こころのしくみ図、行動的技法、認知的技法を紹介し、認知行動療法の学校・保育現場での活用と、教師・保育者がそれを学ぶ意義について詳述します。

第2節　認知行動療法の技法

(1)こころのしくみ図

こころのしくみ図とは、どのような状況（ストレッサー）でどのような反応（ストレス反応）が生じているのかを把握し、個人と環境（出来事）の相互作用を理解する方法です。自分が困ったエピソードを1つ取り上げて、そこでの反応を次にあげる4つの側面に分けて考えます。その上で、4つの側面の相互作用を把握します。

①「からだ（身体）」：お腹の調子、睡眠、食欲など、身体に関わることです。姿勢や表情、肌のつやなども入ります。

②「考え（認知）」：出来事に対して、頭にすぐに浮かんでくるこころの声です。文章やイメージの形で出てきます。「どうせうまくいかない」「私はいつも失敗する」「ずっと良くならない」といった言葉やイメージがあげられます。

③「気持ち（感情）」：考えに反応して出てくる気持ちを指します。嬉しい、悲しい、イライラ、不安など短い単語で表現できる感情語があてはまります。気持ちは、「こころのアラーム」と呼ばれています。

④「行動」：気持ちに反応してとる行動のことです。休みの日に外出をしなくなる、楽しめていたことをしなくなるなどがあてはまります。

認知行動療法では、自分のこころのありようを理解することがポイントになります。そのため、自分自身の体験をこころのしくみ図を使って理解します（図9-1）。出来事は、1つのエピソードを取り上げて、できるだけ具体的に、5W1Hを意識して書くとよいでしょう。その後、4側面について思いつきやすい部分から書いていきます。相互作用を意識しながら、ほかの側面を考えていきます。たとえば、「その時にどのような身体の感じがあったか（からだ）」、「その時に頭に浮かんでいたことは何か（考え）」、「そう考えるとどのような気持ちになったか（気持ち）」、「気持ちに反応してどうふるまい・行動したか（行動）」のような質問を通して4側面の相互作用を把握していきます。ホームワーク形式でこころのしくみ図の作成を何度か実施し、このモデルの考え方を

習得します。こころのしく
み図を作成するメリットと
して、ストレッサーとスト
レス反応の関連を客観的に
把握できること、自分自身
でセルフモニタリングがで
きるようになること、4 側
面の相互作用が意識できる
こと、悪循環のパターンが
把握できることがあげられ
ます。また、援助者側のメ

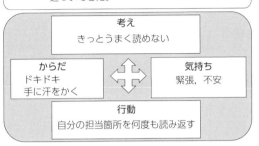

図 9-1　こころのしくみ図の例

リットとして、カウンセリング場面でクライエントと一緒に作成することで、
クライエントの目線で状況を把握でき、共感的なかかわりにつながります。
　こころのしくみ図の 4 側面で変えることができるのは「行動」と「考え」だ
と考えられています。堀越（2015）によれば、行動を変えるとは、これまでと
は違う問題解決法に挑戦してみることや新しい行動を始めてみることを指し、
考え方を変えるとは、考え方に幅をもたせ、結果的に柔軟な考え方ができるよ
うになることを指します。認知行動療法では、行動的技法と認知的技法を用い
てこの 2 つの側面に働きかけることで、その他の側面にも良い変化を起こすこ
とを目指します。

（2）行動的技法
①　行動活性化（良い気分になることをやってみる）
　行動活性化は、良い気分を感じる体験を増やし、日常生活での気分改善の安
定的な供給源の確保を目指す方法です。
　行動活性化では、記録用紙を用いて、1 日の決まった時間に現在の気分とそ
の日の良い気分になった活動の回数を記録してもらい、気持ちと行動の関連を
セルフモニタリングした後で、良い気分になれる活動をリストアップし、具体

表9-1　行動活性化の計画例

何をしますか？	ランニングをする
いつ？	水曜日の夕方
どこで？	家の近くの川沿い
誰と？	一人

的に計画を立てて、活動を実行していきます（石川，2013）。良い気分になる活動をリストアップする際には、「今までに経験がある活動」「今まで経験がない新しい活動」の観点からできるだけ多くの活動をあげます。旅行のような大きな活動だけでなく、日常生活でやっているちょっとした活動をあげるようにします。リストアップが終わったら、リストのなかから1〜2週間で実行できそうな活動を選び、具体的（何を、いつ、どこで、誰と）に計画を立てます（表9-1）。行動活性化のポイントとして、①実験のつもりで活動を試すこと、②活動している時の自分の状態を観察すること（新しい方法を試して自分の気持ちや考えが変わるかを観察する）、③ポジティブな気持ちになれる活動をすること（どんなに小さくてもいいのでポジティブな気持ちに変化できる活動をする）、④うまくいった方法を採用すること（自分自身に合う方法を発見するために、いくつかの行動を試し、うまくいった方法は採用し、うまくいかなかった方法は不採用とする）があげられます。

②　リラクセーション法（からだと気持ちの関係を探ってみる）

人はストレッサーにさらされると、身体が一種の緊張状態になります。強い緊張状態になると、自律神経が亢進し、血管が収縮することで肩こりが起こりますし、呼吸は浅くて速い呼吸になります。そのような緊張状態を改善する方法として、リラクセーションがあります。リラクセーション反応を作り出す訓練が、**リラクセーション法**です。訓練を通して、自分で身体反応をコントロールする感覚を学びます。

代表的技法の1つに、ジェイコブソンが開発した**漸進的弛緩法**があります。この方法は、静かな環境で受動的にリラックスできる姿勢で、身体の各部分の筋肉を意識的に緊張させた後、力を抜いて緩めることをくり返します。この時、各部分の筋肉の緊張と弛緩を深く経験します。緊張と弛緩の落差が大きいことで、筋肉が弛緩した状態に気づきやすいといわれています。

ほかのリラクセーション法として、**腹式呼吸法**があげられます。下腹部が膨

らんだり、へこんだりするように呼吸する方法です。ゆっくりと呼吸し、下腹部が胸よりも膨らむ感じで呼吸を行います。その際に下腹部に手をあててもかまいません。その後、体の力を抜いたまま、口からゆっくりと息を長く吐いていき、この過程をくり返していきます。息を吐く時にリラックスした状態になるので、吐く息に注意を向けて、ゆっくりと息を吐いていきます。この時に、肩がすーっと落ちたような身体が緩んだ感覚を得られるとリラックス効果が高まります。

③ エクスポージャー法（苦手なことにチャレンジする）

　エクスポージャー法とは、苦手な刺激・状況へさらされるための手続き・訓練をする技法です（神村, 2014）。不安や抑うつが高い人は、恐怖や不安を感じる場面やものに対して、対処として回避行動をとることが多く、習慣化しています。回避行動は、一時的な安堵感をもたらしますが、問題解決を先延ばしにし、また起こるのではないかという予期不安が持続します（図9-2）。一般的に、不安は時間経過にしたがって自然と緩やかに減少するのですが、「逃げたい・避けたい」などの衝動が生じて回避行動をとってしまいます。その点で、エクスポージャー法は衝動のやり過ごし方を、経験のなかから会得する方法といえます（神村, 2014）。エクスポージャー法では、はじめに不安についての心理教育を行います。次に、不安や恐怖を思い起こさせる場面を、不安の程度にしたがって段階的に並べた「**不安階層表**（表9-2）」を作成します。課題に取り組む前に役立ちそうなリラクセーション法などの対処法を修得した上で、弱い不安が生じる場面から強い不安が生じる場面へとスモールステップでチャレンジしていきます。神村（2014）によれば、不安喚起場面に十数分から3〜40分ほどとどまり、衝動回避の行為にあくせくするのではなく、あるがままにそれらの感覚や感情を受け入れ、それが自然と静まるのを待つかのような心理状態を計画的に反復経験できると、著しい改善が期待できるといわれています。

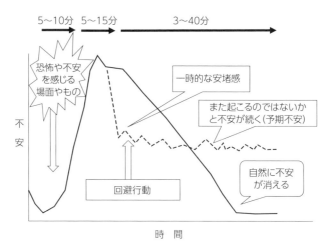

図 9-2　不安の時間的変化と回避行動の関係

表 9-2　不安階層表の例

不安場面	不安の程度
前日に教科書をかばんに入れる	0
学校に行くために玄関を出る	30
校門に入る	40
下駄箱で靴を脱ぐ	50
教室に入る	90
教室で席に座って授業を受ける	100

（3）認知的技法

①　感情の把握と感情と認知の区別（考えと気持ちの関係を探る）

　ベックは、認知行動療法においてもっとも重要なのは感情だと示しました（Beck, 1976）。ネガティブな感情が人を苦しめているため、認知行動療法では、その感情に共感し、背景にある考えを検証し、考えや行動、からだに働きかけることで、ネガティブな感情を軽減することが重要だと考えられています。

　成人の多くは、自分の気持ちを適切な感情語でラベルづけすることができますが、感情を表現する語彙をあまりもっていない人（たとえば児童生徒）は、自

分自身に生じる気持ちに具体
的なラベルがつけられません。
リスト（図9-3）を参照しなが
ら、特定の場面における気持
ちに自分で感情のラベルづけ
ができるように支援すること
は有益です。また同時に気持
ちの強度を評定することによ

ポジティブ感情語	ネガティブ感情語
安心，感謝，うれしい，わくわくする，しあわせ，ラッキー，ほこらしい，尊敬，あこがれ，親しみ，やる気，気持ちいい，好き，おちつく，うきうきする	悲しい，落ち込んだ，寂しい，不安，おそれ，おびえ，緊張，怒り，イライラ，むっとした，嫌悪，むなしい，後悔，ふまん，恥ずかしい，軽蔑，嫉妬，罪悪感，疑わしい

図9-3　感情語リストの例

り感情反応を詳細に理解することができます。

　気持ちの把握ができたら、考えと気持ちの関連を探ります。なんらかの感情
を感じている時は、それに結びついた考えが生じ、それによって感情が決まり
ます。たとえば、「話しあいで同じグループになった人が挨拶もしないし、視
線を合わせようともしない」といった場面で、あなただったらどういった感情
が生じるでしょうか。イライラでしょうか、もしくは悲しみや不安でしょうか。
それでは、そういった気持ちを感じている時、どんなことがあなたの頭に浮か
びましたか。イライラした人は「失礼な人だな。私は無視されている」という
考え、悲しい気持ちの人は「私に興味がないようだ。私に魅力がない」という
考えが浮かんできたかもしれません。認知行動療法では、この考えを**自動思考**
と呼び、同定して検証を行います。

②　認知再構成法（考えの幅を広げる / バランスをとる）

　認知再構成法とは、ストレスが生じる際に関連している自動思考をさまざま
な角度から検討することによってあらたな思考を生み出し、その結果、ストレ
ス反応の低減を目指す方法です。十分に自分自身の気持ちや考えを同定し、距
離がとれるようになったら、自分の考えを検討します。ポジティブ思考のよう
に前向きに変えるわけではありません。目標は、ひとつの見方に偏るのではな
く、幅広い見方（**適応的思考**）を生み出して、考え方のバランスをとることです。
認知再構成法では、表9-3のようなコラムが使用されます。状況、気持ち、自
動思考を書いた後、適応的思考を考えます。考えのバランスをとるために、表

9-4 のような質問が役立ちます（Beck, 2011）。質問に答えていくなかで、考え方のバランスをとり、気分の変化を検証します。

　認知再構成法のメリットとして、①思考の幅が広がり、ストレス状態の慢性化や悪循環を早い段階で止められること、②さまざまな角度から自動思考を検討することができ、思考が柔軟になり、現実的な考え方ができるようになること、③継続的に行うことで、ストレスフルな出来事があっても、柔軟に対処できる力が身につくことがあげられます。

表 9-3　認知再構成法の例

どんなとき？ （状況）	朝、同級生のＢ子に挨拶したが返事がなかった
どういう気持ち？ （気持ち）	①不安（70％）、②悲しい（50％）
どういうことが頭に浮かんだ？ （自動思考）	①Ｂ子に嫌われることを何かしたかな？ ②私は誰にも好かれない
こういう考えもどうか？ （適応的思考）	・自分もいつも機嫌がいいわけじゃないし、Ｂ子も機嫌が悪いことだってあるよね。 ・もしかして、単に聞こえなかっただけか、朝家でイヤなことがあっただけかもしれない。 ・何か理由があったとしても、Ｂ子と直接話せばわかるかな。
気分の変化	①不安（20％）、②悲しい（20％）

表 9-4　考えのバランスをとるための質問（Beck, 2011）

①自動思考が真実だという根拠は何だろうか？
②別の見方はあるだろうか？
③起こりうる最悪の事態は何だろうか？ 仮にその場合はどう対処すればよいだろうか？ 起こりうる最良のシナリオは？ もっとも現実的な結果はどうなりそうか？
④自動思考を信じ続けるメリットは？ 考えを変えることのメリットは？
⑤もし〇〇（友だちの名前）がこの状況に置かれて、このように考えていたら、なんと言ってあげるか？
⑥この自動思考に対し、どんなことを行えばよいのだろうか？

第3節 ┊ 学校・保育現場に活かす認知行動療法

認知行動療法は、学校現場でのメンタルヘルスの予防教育としての活用が期待されます。石川他（2020）は、学校でのメンタルヘルスの予防教育を考える上で、誰にどのような支援をするのかを整理することが大切だとし、対象者とメンタルヘルス不調のリスク要因に焦点を当てた予防の4段階を示しています。4段階は、最下層から「すべての人たちのへの支援（ユニバーサルレベル）」、「リスクのある人たちへの支援（セレクティブレベル）」、「症状のある人たちへの支援（インディケイティッドレベル）」、「診断のある人たちへの支援（治療的支援）」となり、上層にいくほど対象人数が限定され、メンタルヘルス不調のリスクが高くなります。認知行動療法は、専門機関での支援（治療的支援）、適応指導教室や教育相談等の限定された児童生徒に対する支援（インディケイティッドレベル・セレクティブレベル）に活用できるだけでなく、学級に属する児童生徒全員に対する支援（ユニバーサルレベル）で活用可能です。ユニバーサルレベルでは、学級単位の集団授業形式、教師と児童生徒という関係で実施でき、認知行動療法の学習には適しています。

メンタルヘルスの予防教育を目的とした集団授業形式の認知行動療法プログラムが複数開発されています（石川 , 2013；Urao et al., 2018; Ishikawa et al., 2019）。どのプログラムも、小学校高学年〜中学生を対象に、授業形式で担任が実施し、1回50分で全10回程度行います。授業内容は、プログラムによってさまざまですが、本章で紹介した認知行動療法の技法（行動技法と認知技法の併用）に加えて、ソーシャルスキルトレーニングやポジティブ心理学の技法が取り入れられています。こころあっぷタイム（Ishikawa et al., 2019）のプログラムの例を表9-5に示しました。児童生徒が使用する冊子には説明にマンガやイラストが多く使用され、プログラムにストーリー性をもたせて、児童生徒でもなじみやすく楽しんで理解できる工夫がなされています。また授業ごとに指導案が作成されており、専門家から指導を受けながら、教師も実施しやすいのが特徴です。詳しい内容は、「勇者の旅プログラム（Urao et al., 2018）」、「こころあっぷタイム」

の HP を参照してください。

　集団授業形式のプログラム以外にも、児童生徒を対象とした認知行動療法の書籍が複数出版されています（Friedberg et al., 2001; 安川・吉川, 2018; 石川, 2018）。どの書籍も書き込みながら学べる自己学習形式で、内容ごとに見開き 1 ページでイラストを交えて簡潔に説明されており、体系的に学習もできますし、内容の一部を取り出して実施することも可能です。

表 9-5　**こころあっぷタイムのプログラム**（Ishikawa et al., 2019, こころあっぷタイム HP より筆者作成）

回数	題名	構成要素
1	こまったきもちをつかまえよう	心理教育
2	楽しいことをさがそう	行動活性化
3	あたたかい言葉をかけよう	ソーシャルスキルトレーニング
4	きちんと伝えよう	ソーシャルスキルトレーニング
5	きもちとからだはどんな関係？	リラクセーション法
6	すてきなところを探そう	強みの発見
7	考えをつかまえよう	認知再構成法
8	いろいろな考えをしてみよう	認知再構成法
9	苦手なことは何だろう？	エクスポージャー法
10	苦手なことにちょうせんしよう	エクスポージャー法
11	問題をかいけつしよう	問題解決法
12	学んだことをまとめよう	まとめ

第4節　教師・保育者が認知行動療法を学ぶ意義

　認知行動療法は、学習した技法を用いて自分自身でセルフケアができることを目指します。そのため、児童生徒はもちろんのこと、支援者である教師・保育者も自分自身の体験を通して学習し、自身のストレスマネジメントに活用することができます。教師・保育者が自分のメンタルヘルスを定期的に点検し、元気な状態を維持することがより良い教育・保育の提供につながります。

（泉水　紀彦）

〈引用・参考文献〉

ベック, A.T.　大野裕（訳）　1990　認知療法――精神療法の新しい発展――　岩崎学術出版社

ベック, A.T.　伊藤絵美・神村栄一・藤澤大介（訳）　2015　認知行動療法実践ガイド　基礎から応用まで　第2版　星和書店

千葉大学子どものこころの発達教育研究センター　2016　勇者の旅プログラム　千葉大学子どものこころの発達教育研究センター　https://www.cocoro.chiba-u.jp/yuusha/index.html（2020年12月30日取得）

同志社大学研究開発成果実装支援プログラム　2017　こころあっぷタイム　同志社大学研究開発成果実装支援プログラム　http://mentalhealthprogram.jp/ （2020年12月30日取得）

フリードバーグ, R.D.・フリードバーグ, B.A.・フリードバーグ, R.J.　長江信和・元村直靖・大野裕（訳）　2006　子どものための認知療法練習帳　創元社

堀越勝　2015　ケアする人の対話スキル ABCD　日本看護協会出版会

石川信一　2013　子どもの不安と抑うつに対する認知行動療法――理論と実践――　金子書房

石川信一　2018　イラストでわかる子どもの認知行動療法――困ったときの解決スキル36――　合同出版

Ishikawa, S., Kishida, K., Oka, T., Saito, A., Shimotsu, S., Watanabe, N., Sasamori, H. & Kamio, Y. 2019 Developing the universal unified prevention program for diverse disorders for school-aged children *Child and Adolescent Psychiatry and Mental Health* 13 44 https://doi.org/10.1186/s13034-019-0303-2 予防

石川信一・桑原千明・村澤孝子・神尾陽子・岡琢哉　2020　小学校におけるメンタルヘルス予防プログラムの実装　心の健康教室サニタ

神村栄一　2014　学校でフル活用する認知行動療法　遠見書房

安川禎亮・吉川和代　2018　イラスト版子どものストレスに対処するこつ――家庭・学校ですぐに使える47のストレスマネジメント――　合同出版

Urao, Y., Yoshida, M., Koshiba, T., Sato, Y., Ishikawa, S. & Shimizu, E. 2018 Effectiveness of a cognitive behavioural therapy-based anxiety prevention program at an elementary school in Japan: a quasi-experimental study *Child and Adolescent Psychiatry and Mental Health* 12 33. https://doi.org/10.1186/s13034-018-0240-5

〈読者のための読書案内〉
*井上和臣『認知療法の世界へようこそ』岩波書店、2007年：認知行動療法の歴史や技法

について小説のようなタッチでわかりやすく書かれた入門書です。

＊石川信一『イラストでわかる子どもの認知行動療法──困ったときの解決スキル 36 ──』合同出版、2018 年：本章で紹介したさまざまな技法について、イラストを交えて児童生徒対象のわかりやすい説明とワークシートが掲載されています。

＊神村栄一『学校でフル活用する認知行動療法』遠見書房、2014 年：教育相談領域に特化した認知行動療法の実践が紹介されています。不登校などの事例を通して認知行動療法の実際とコツが軽妙な語り口で書かれています。

カウンセリングの理論⑥：応用行動分析

10

第1節 ｜ 行動分析（応用行動分析）とは

　行動分析とは、心理学者であるスキナー（Skinner, B.F.）の学習理論に基づいて発展した心理学のひとつの分野です。スキナーは膨大な実験心理学の研究から、人間を含めた生物の行動について「生活体（ヒト）と環境（周囲の人や物、状況などの総体）との相互作用によって起きる」と考える理論・科学哲学大系を作り上げました。行動分析にはほかの心理学と大きく異なるユニークな点が2つあります。1つ目はモデルの構築といった「因果関係を説明すること」ではなく、行動の予測と制御（「どんな時に行動が起こるのか？」「どうすれば行動を増やす／減らすことができるのか」）を目的とするプラグマティック（実学的）な学問であることがあげられます。そのため行動分析は行動工学と呼ばれることもあります。2つ目の特徴は、感情や情動・行動の誘因については内的な事象（たとえば思考や情動）ではなく環境側に求めるという**徹底的行動主義**という考え方に立脚していることです。思考など頭のなか（心のなか）で実行される内的な出来事も「私的行動」として分析の対象として扱いますが、行動の直接的な原因とは考えません。あくまで行動に影響を与えるひとつの行動として位置づけています。つまり、環境という外的要因を探り、そこにある要因をコントロールすることで、人の行動を増やしたり減らしたりすることができると考えているのです。

　行動分析のなかでも、社会的に有用な行動や社会問題、個人の問題に対して重要な行動を対象とする分野を**応用行動分析**（Applied Behavioral Analysis: ABA）と呼んでいます。ABAは古くから知的障害者や自閉症児への支援において、さまざまな肯定的な効果が報告されています。現在の治療教育は、この応用行動分析の視点が下地となっているといっても過言ではありません。応用行動分析おいて重要な視点が、行動の主体である生活体は環境に対して常に適応的に

あると考えることです（Keller, 1968）。これは、われわれの行動のすべては、環境のなかで生じた学習（後天的に身につけた比較的安定した行動傾向）によって獲得され、そして、現在の環境との相互作用のなかで発揮されていると考えるからです。つまり、教員や保護者から見ると問題があると判断される行動も、行動の主体である生徒にとっては環境から導き出された適切な行動であるととらえ、環境と生活体との相互作用に変化を与えるような手だて・支援方法を考えていきます。このような視点から行動分析学では、個人が問題のある行動を起こす「問題行動」ととらえるのではなく、**行動問題**（行動が起こってしまう環境との相互作用のメカニズム自体の問題）として考えていくのです。

♇ 第2節 ⋮ 三項随伴性

先ほど述べたように、行動分析では行動の起因を内的な事象に求めず、環境に存在する多種多様な刺激によって行動が強められたり、弱められたりすると考えています。行動問題に対応していく際には、環境と行動の相互作用を細かく分析していく必要があります。そのため、「①行動問題を引き起こすきっかけを見つけ、」さらに「②行動の直後の状況にその行動をくり返させるような結果が起きていたかどうかを環境の相互作用のなかから見極める」、ということが必要となります。環境と行動の関係を記すため、行動分析ではある行動に先立つ環境刺激を**先行事象**（Atencedent）、その場で起きた出来事を**行動**（Behavior）、行動が出現したことで変化した環境の変化を**後続事象**（Consequence）と言い、3つの連鎖から分析・理解を試みていきます。そして、先行事象・行動・後続事象のセットを**三項随伴性**または**随伴性**と呼んでいます。行動分析において、三項随伴性は行動の予測と制御を実現するための最小の分析単位として利用されています。たとえば、学校や幼稚園でよく見られる「教室からの退出」「ほかの児童への他害」といった行動問題を三項随伴性から記述すると、図 10-1 のようになります。

応用行動分析ではこの三項随伴性のダイアグラムをもとに、より良い行動を

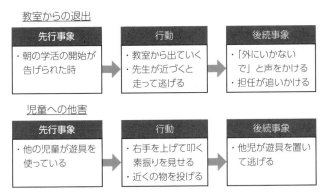

図 10-1　行動問題における三項随伴性の例

増やし、不適切な行動の頻度・強度を減らす支援方法を考えていきます。次の節では行動の頻度・強度を制御するための具体的な技術を紹介します。

🌱 第3節 ┊ 行動分析の技法

(1)望ましい行動を増やし、望ましくない行動を減らす手続き：強化と罰

　子供が勉強に取り組む時間を増やしたい時、私たちはどんな対応をするでしょうか。ある人は勉強を頑張っている時に「よくやっているね」「頑張っているね」などの応援をするかもしれません。また別の人は勉強を頑張っていることに対して、おやつを増やすなどのご褒美を用意するかもしれません。行動分析では、行動に続く後続事象によって行動の起こる確率が高まる（より多く出現する）ことや、維持される（長期間安定的に出現する）現象を**強化**と呼んでいます。そして、強化が起こった時の後続事象を**強化子**（**好子**）：Reinforcer と定義しています。たとえば、お手伝いをした後にご褒美としてお小遣いをもらえた場合、子供はよりお手伝いをするようになるでしょう。この例では、お手伝いが行動、お小遣いが行動に付随する強化子です。この例のように、行動の結果、環境側から新しい刺激（お小遣い）が提示されることで行動が増えることを**正の強化**と呼んでいます。別の例を考えてみましょう。いつもガミガミと口

うるさく不機嫌な保護者が勉強をしているあいだだけは怒らないでいてくれる場合、勉強するという行動は増加・維持されるでしょう。正の強化とは逆に、ある行動の結果、環境に存在した刺激がなくなることで行動が増える随伴性を**負の強化**と呼んでいます。子供の行動の強化について考える場合、強化子がおとなの考えるご褒美や嬉しいこととは限らない点には留意すべきです。強化子とは、行動が増加する場合の後続事象を指しています。つまり、おとなから見れば嬉しくない注意・叱責も、「おとなが反応してくれる」という強化子かもしれないのです。本人にとって何が強化子として機能しているかは、後述する機能分析などを用いて慎重に分析・解釈をしていく必要があります。

　子供と向きあう際には望ましい行動を増やすだけでなく、注意をする、叱るなどで不適切な行動をなくしていこうと考えることも多いでしょう。なかには「テスト勉強をしないとゲームを取り上げます」というような約束をする場合もあるでしょう。行動分析学では、ある行動の出現頻度を減少させる手続きを**罰（弱化）**と呼んでいます。三項随伴性から考えると、おとなが子供を注意する／叱るというのは、不適切なかかわり【行動】に続き、怒られる【後続事象】という新しい刺激が出現したと記述できます。このように、ある行動の後に新しい刺激が出現することで行動の出現確率が減少する手続きを**正の罰**と定義しています。また、この時に出現した後続事象を「**罰子（弱化子）**：Negative Reinforcer」と呼んでいます。正の罰とは逆に、もともとあった強化子（後続事象）を取り去ることで行動の出現確率を下げる手続きを**負の罰**と定義しています。たとえば、授業中の立ち歩きについて、立ち歩く生徒の休み時間を減らすという対応をした結果、立ち歩きの頻度が下がった場合、この手続きは負の罰であるといえるでしょう。行動問題へ支援を行う際、保護者や教師は不適切な行動を減らしたいと考えがちです。そのため、どうしても罰手続きを対応の第一候補として選んでしまうことが多くなります。しかし、罰手続きはいくつもの条件を満たさねば効果を十分に発揮できないことや、望ましくない副次的な効果などが明らかにされています（行動分析学会「体罰」に反対する声明文を策定するタスクフォース，2014）。この点には十分留意する必要があります。

(2)今起きている行動のメカニズムを紐解く：機能分析

　人の行動は、行動を起こした結果（後続事象）によって増加したり減少したりすることを見てきました。それでは、行動と結果の関係について、私たちはどんな手段を使って把握すればいいのでしょうか。行動分析学では行動と後続事象の性質を、①人からの反応や注目が得られる（注目）、②欲しい活動や物が充足される（要求）、③嫌悪的な活動や結果が起こらなくなる（回避）、④行動自体や結果として得られる感覚が目的である（自己刺激）、という4つの目的（機能）に分類して整理しています。三項随伴性から行動の目的（強化随伴性）を分析していくことを**機能分析**（Functional Analysis）、または三項随伴性の頭文字（Antecedent-Behavior-Consequent）をとって**ABC分析**と呼んでいます。機能分析を行う際には、実験室のような刺激が完全に統制された環境下で決まった手順で刺激をコントロールして行う必要があります。しかし、教育臨床では正式な手続きで機能分析をすることは現実的に不可能であるため、教員や支援員、心理師による行動観察で代替しています。

　機能分析を行うと、同じ行動でもまったく別の機能をもっていることも多くみられます。たとえば、手元にある物を投げた（行動）結果、まわりの人が「どうしたの？」と声をかけてくれる（後続事象）場合は、注目の機能をもっていると推察されます。しかし、同じ物を投げる行動でも、周囲にいた人が離れていく（後続事象）場合、その行動は回避の機能で維持されていると考えられます。行動がどのような機能をもっているか判断することは、児童生徒へのかかわりを考える上で非常に重要な情報となります。

(3)行動をきっかけから変えていく：先行事象操作

　望まない行動のきっかけとなる先行事象を除去する、もしくは望ましい行動のきっかけとなる先行事象を加えることを**先行事象操作**といいます。たとえば、難しい問題を提示した時、暴言などの不適切行動が起きたとしましょう。この例では、行動のきっかけとなる「難しい問題」ではなく「難易度を下げた問題を提示する」ことや、答えやすくなるヒント（行動を引き起こしやすくする刺激：

プロンプト）を同時に提示することなどが先行事象操作となります。また、何度もくり返されて飽きがきている課題を新しいものに変える、ほめ方を変えるなど、強化子の影響を高める**確立操作**と呼ばれる手続きも先行事象操作の１つです。

（4）行動を結果から変えていく：後続事象操作

　ある行動の結果を操作することで行動の出現をコントロールしようとする手続きを**後続事象操作**といいます。今まで見逃されていた適切な行動に対して、担任が「よかったよ」とにっこり微笑むようにするなどは後続事象操作の例です。逆に不適切な行動を減らすために後続事象を操作することを考えてみましょう。後続事象操作のなかでも行動の維持に関連している強化子を撤去し、行動の頻度や強度を弱める手続きを**消去手続き**といいます。あえて行動に反応しないようにすることから計画的無視と呼ばれることもあります。消去手続きを実施すると、一時的に行動の強度・頻度が増加する**消去抵抗**（消去バースト）と呼ばれる現象が起こります（例：物を投げると担任が話しかけてくれるという注目の機能で維持されている行動の場合、担任が話しかけないともっと大きな物を投げたり、いろいろな物を投げたりするでしょう）。そのため、消去手続きは機能分析でしっかりと行動の機能を見極め、提要する行動や場面を絞ることが大切です。また単純に消去を行うのではなく次にあげる分化強化を併用するなど、より適切な行動を増やす視点をあわせもつことも重要です。

（5）不適切な行動をより適切な行動に置き換える：分化強化

　消去抵抗の問題などもあり、単純な消去手続きでは行動問題への支援を展開するのが難しいことは説明しました。では、どのような支援を行えば不適切な行動を減らし良い行動を増やせるのでしょうか。応用行動分析の特徴で述べたように、周囲の人間にとっては不適切な行動でも、その本人にとっては現状できる最大の適応行動を環境のなかで表出しているといえます。子供と関わる教師は、子供の行動問題をなくすべきものであるというとらえ方ではなく、適切

な行動を学習するチャンスであると考える必要があります。行動分析では行動問題を維持している機能（意図や目的）を汲みとり、もっと効率的に実現できる行動を身につければ、子供の望ましくない行動は適切な行動に置き換わり、より良い行動を獲得できると考えます。つまり、不適切な行動を消去しつつ同等の機能をもったより適切な行動を強化することで、問題行動を社会的に妥当な行動に置き換えていくことが可能だと考えます。この手続きを**分化強化**（differential reinforcement）と呼んでいます。そのなかでも機能的に等価な行動に置き換えていくことを**代替行動分化強化**といいます。欲しい物を要求する時に「貸せよ！」と強く言いながら物品を奪うという要求の機能をもった行動の代わりに、「ちょっと貸して」とお願いをする行動を教える、嫌いな友だちが近づいた時に叩く（回避の機能）のではなく「来ないで！」と伝えられるようにするなどが代替行動分化強化の例です。代替行動分化強化は多くの行動問題の支援に利用され、さまざまな肯定的な報告がされています（村本・園山, 2008）。応用行動分析による支援では中核的な手続きといえるでしょう。

🌱 第4節 ⋮ 学校・保育現場での行動分析

　本節では実際の学校・保育現場でどのように行動分析の諸技法が適用されるかについて、架空事例をもとに解説をしていきたいと思います。

　Aさんは現在小学校3年生の男子生徒です。入学時から落ち着かない、授業中に立ち歩いてしまう、勉強に集中することが難しい、同級生とのトラブルが多いなどの様子が報告されていました。2年生になると授業中の不適切な行動は減少し、本人なりに集中して教科や課題、作業に向きあうことができるようになっていきました。しかし3年生に進級してから、特定の授業（算数と国語のワーク学習時）に離席して立ち歩く、消しゴムのゴミや紙の切れ端を投げる、近くの生徒へのちょっかいなどの行動が見られるようになりました。担任は授業をきちんと受けなければいけないことをわかってもらうために、不適切な行動をしている時は口頭でしっかりと注意を行いました。離席している時は、問

題にきちんと取り組んでくれるように「どこがわからなかったの？」と声をか
けて課題のヒントを伝えました。授業中の不適切な行動が見られるようになっ
てから1ヵ月ほど経過しました。しかし該当する行動は継続したままでした。
そこで担任は、今までよりも大きな声で叱責をしたり、場合によっては授業を
止めてAさんに悪いことをしていると個別で伝えたりと、より強く注意をす
るようにしました。Aさんは個別に注意を受けると「だって退屈なんだもん」
「勉強できなくたっていいし」と、担任に対して反抗的な態度を見せていまし
た。担任はその発言や態度についても注意しなくてはいけないため、授業が大
幅に遅れるようになっていきました。担任は強く叱責するだけでは聞いてくれ
ないのではないかと考え直し、ゆっくりと優しく教え諭すような伝え方をする
ようにしました。しかし、それでも授業妨害は減るどころか、逆に増えている
ようでした。

（1）機能分析の結果

　行動問題への支援を考える際、まずは行動を維持している随伴性の機能を考
えることから始めます（機能分析）。Aさんの行動問題が起こる直前にあった出
来事（先行事象）、問題となっている行動によって引き起こされた変化（後続事
象）をピックアップします。実際の教育場面では、授業中の行動観察や他教師
からの聞きとりなどが利用できるでしょう。今回のAさんの事例では以下の
図10-2のように考えることができます。

　どちらの行動も国語や算数のワークに従事する時間かつひとりでは完成でき
ない難易度であった時に起きていたため、先行事象は「難易度の高いワークが
提示された時」であると考えられました。次に、授業中の立ち歩きの後続事象
について考えてみましょう。授業中に立ち歩くことで、Aさんは先生から着
席するように叱られました。叱られることは弱化子となり行動の頻度を弱める
はずです。しかし、Aさんの行動は減るどころか増加していると報告されて
います。ですので、叱られることはAさんにとって弱化子ではなく、先生が
反応してくれたという「注目」の機能をもった強化子であることが示唆されま

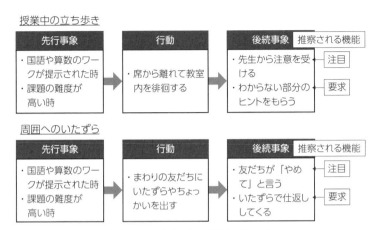

図10-2　Aさんの行動問題の機能分析

した。さらに、「どこがわからなかったの？」と課題のヒントを提示したこと
は、わからない部分のヒントをもらえるという「要求」の機能で維持されてい
ると考えられました。最後に周囲へのいたずらの後続事象の機能は、クラス
メートが「やめて」と言って反応を返してくれる、もしくは同じようないたず
らで仕返しをしてくれるという他者からの「注目」であると考えられました。

（2）支援案の案出

　機能分析の結果から導き出された具体的な支援方略を図10-3に示しました。
　図10-3は行動支援として、シェイピング、消去、分化強化、先行事象操作
の手続きを示しています。大切なことは、各行動修正の手続きは独立したもの
ではなくひとつの行動へ包括的に利用することができるという点です。この事
例では、まず①先行事象操作として課題難易度の見直しを行うことで行動問題
のきっかけを撤去し、次に②他者からの注目で維持されている部分について消
去手続きで頻度を減少させ、最後に③代替行動分化強化手続きを利用し、先生
や同級生との会話・ヒントをもらえるような要求の声かけといったより適切な
授業従事行動の形成を狙っています。結果、Aさんは先生のヒントがあれば

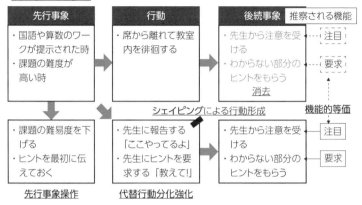

授業中の立ち歩き

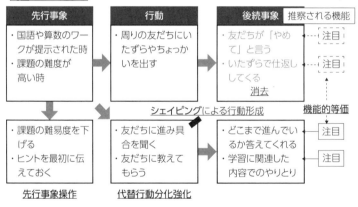

周囲へのいたずら

図10-3　Aさんへの行動支援案

きちんと課題に取り組むことができるようになりました。そして友人へのいた
ずらは、クラスメートに話しかけることができるようになったことに合わせ、
ほとんど見られなくなりました。行動支援を開始して1ヵ月ほどで、あれだけ
注意や叱責をしても変化がなかったAさんの授業中の不適切行動は減少し、
行動問題は大きく改善しました。

第5節　教師・保育者が行動分析を学ぶ意義

　特別支援教育や共生社会の実現に関する合理的配慮から、学級において発達・行動に特別なニーズをもつ生徒を支援することが増えてきています。発達のニーズとは、得意・不得意の差が大きく、日常生活に困難をもちやすいことであり、周囲の無理解から二次的な問題（二次障害）のリスク群であることが指摘されています。二次障害を防ぐためには、カウンセリングマインドだけではなく、「いかに集団のなかで支援を行うか」が重要になっているわけです。

　複雑化する学校内の問題に対応するため、文部科学省は「チームとしての学校の在り方と今後の改善方策について」（答申（素案））のなかでチーム学校構想を提案しています。チーム学校とは、教職員が心理や福祉などの専門家や関係機関、地域と連携し、チームとして課題解決に取り組むことです（文部科学省，2016）。教員のみによって対応するのではなく、心理の専門家であるカウンセラーや福祉の専門家であるソーシャルワーカーを活用し、子供たちのさまざまな情報を整理統合し、アセスメントやプランニングをした上で、教職員がチームで、問題を抱えた子供たちの支援を行うことが重要となります。このようにさまざまな教員・専門家が連携して問題解決にあたる際、学校で起こる問題をメカニズムとして考えること、つまり原因を個人の特性やかかわりだけに求めない行動分析の視点が良い協働関係を構築する上で重要な視点を提供します。行動問題の中心にいる児童・生徒だけではなく、保護者・教師も現在の環境（随伴性）でもっとも適切な行動をしているのです。ですから、応用行動分析を学ぶことで、保護者や教師のより適切なかかわり・行動につながる萌芽（芽生え）行動を見つけ強化し、場合によってはより良い行動に置き換えていく（分化強化）／適切な行動のきっかけを増やす手助けをする（プロンプト）、不適切なかかわりのきっかけを撤去する（先行事象操作）など、保護者支援や学内連携の調整といった重要な視座も身につけることができるでしょう。

（榎本　拓哉）

〈引用・参考文献〉

Azrin, N. H. & Holz, W. C. 1966 *Punishment. In W. K. Honig*（Ed.）Operant Behavior: Areas of Research and Application 380-447 New York: Appleton Century Crofts.

Keller, F. S. 1968 Good-bye, teacher… *Journal of Applied Behavior Analysis*, 1 79-89.

Matson, J. L., & Dilorenzo, T. M. 1984 *Punishment and its alternatives: A new perspective for behavior modification* New York: Springer Verlag.

文部科学省　2015　チームとしての学校の在り方と今後の改善方策について（答申）　初等中等教育分科会（第 102 回）配布資料

村本浄司・園山繁樹　2009　発達障害児者の行動問題に対する代替行動の形成に関する文献的検討　行動分析学研究　23（2）　126-142.

日本行動分析学会「体罰」に反対する声明文を策定するタスクフォース　2014　「体罰」に反対する声明　http://www.j-aba.jp/data/seimei.pdf（アクセス：2020 年 11 月 28 日）

〈読者のための読書案内〉

＊ポール・A・アルバート、アン・C・トールマン　佐久間徹・谷晋二・大野裕史（訳）『はじめての応用行動分析』二瓶社、2004 年：応用行動分析の基礎的な視点、用語を網羅している入門書です。本書で取り上げられなかった支援技法も例示を通じてわかりやすく紹介しています。

＊レイモンド・G・ミルテンバーガー　園山繁樹・野呂文行・渡部匡隆・大石幸二（訳）『行動変容法入門』二瓶社、2006 年：応用行動分析のなかでも行動を変容させるための技法（モデリングや観察学習など）をより深く紹介しています。

＊ジェームズ・E・メイザー　磯博行・坂上貴之・川合伸幸（訳）『メイザーの学習と行動第三版』二瓶社、2005 年：応用行動分析の基盤を支える実験的行動分析の入門書です。ヒトの行動の予測と制御をより詳しく学びたい方に勧めます。

11

カウンセリングの理論⑦：ブリーフセラピー

第1節 ブリーフセラピーとは（理論の概説）

（1）ブリーフセラピーの誕生

　ブリーフセラピー（短期療法）とは、精神科医ミルトン・H・エリクソンの臨床から発展した、効果や効率を重視した技法で、いくつかの流派があります。ここでは、ブリーフセラピーのなかでも一番利用しやすく、学校でもよく活用されている、**解決志向ブリーフセラピー**（Solution-Focused Brief Therapy：SFBT）について説明します。解決志向ブリーフセラピーは、1980年代に、アメリカの**インスー・キム・バーグ**と**スティーブ・ディ・シェイザー**によって提唱され、発展してきたモデルです。「**解決志向アプローチ**（Solution-Focused Approach：SFA）」「**解決構築アプローチ**（Solution Building Approach：SBA）」とも呼ばれます。

（2）問題志向から解決志向へ

　他の多くのカウンセリングでは、問題の原因を探るため、過去の出来事を丁寧に話しあうことを大切にします。問題発生→原因特定→原因除去→解決という流れを想定しており、問題やその原因に注目した、問題志向型のアプローチといえます。もちろん、問題が明確で、その原因が特定でき、それが除去できるなら、すばやく根本的な解決にたどり着くはずです。しかし、心の問題、人間関係の問題、成長発達の問題などの場合、多くの原因が複雑に絡みあっており、すべてを特定するのは困難です。問題のとらえ方も人によって差がありますし、みんなが認める問題やその原因が見つかったとしても、取り除けない場合もあります。たとえば、「親の育て方が悪かった」とわかったとしても、過去を変えることも、親を変えることも困難でしょう。

　それに対し、解決志向ブリーフセラピーでは、問題や原因を特定し、除去す

ることを目指しません。それは、より良い未来について考え、それに近づく方法を探る方が、問題や過去を検討するよりも効率的に解決にたどり着くと考えているからです。仮に、親の育て方が悪く、子供の問題行動が起こっているとしても、それはいったん脇に置いて相談を進めます。「親の育て方のどこが悪かったのか」「何を直せばよいのか」といった問題や原因に焦点を当てるのではなく、「自分たちが望む親子関係は？」「家族が健康で心地よく過ごせる状態は？」といった解決した状態について考えるわけです。

　解決志向の良い点は、誰でも使いやすいことに加え、人の肯定的な側面に焦点を当てる方法なので、安全性が高いということです。問題を扱う必要がないので、問題を抱えていない人、問題がないと思っている人にも使えます。

(3)中心哲学

　解決志向ブリーフセラピーには、「**中心哲学**」と呼ばれる、基本となる３つのルールがあり、効率よく解決にたどり着くためには重要なものです。

表 11-1　解決志向ブリーフセラピーの中心哲学

ルール１：うまくいっているなら、変えようとしない
ルール２：一度でもうまくいったなら、もう一度やってみよう
ルール３：うまくいかないなら、何か別のことをしよう

　一見、とても当たり前のことに感じますが、膠着状態で問題が解決しない時、状態が悪化している時は、これらのルールに違反しているはずです。たとえば、うまくいっていないのに、「今までのやり方」「一般的に正しいとされる方法」「ほかの誰かに成功したやり方」などにこだわってしまっていないでしょうか。うまくいっていないなら、何でもよいので、今とは違うことをやってみましょう（ルール３）。もし、それがうまくいかなければまた別の手だてを考えます（ルール３）が、少しでも良い変化があったならば、もう一度それをやってみる価値があります（ルール２）。何度か試すなかで、やはりうまくいくならば、それは役に立つ方法として、定着させるべきです（ルール１）。

　もちろん、１つの良い方法がずっと役に立つわけではありません。今まではう

まくいっていたけど、最近そうでもないなと感じたら、そのつど見直しましょう。困った時、行き詰まった時も、この３つのルールに立ち返り、検討します。

（4）発想の前提

解決志向ブリーフセラピーには、３つの「**発想の前提**」があります。これは、支援的なかかわりを行う時の基本的な姿勢であり、このような見方、考え方をすることが、「解決」に近づくためには大切だということです。

表 11-2　解決志向ブリーフセラピーの発想の前提

① 「変化」は絶えず起こっていて、小さな変化が、大きな変化を生み出す
② 「解決」について知る方が、問題や原因を把握するよりも役に立つ
③ 人は、自分自身の解決のための「リソース」（資源・資質）をもっていて、自身の解決の専門家である

①　「変化」について

私たちは、常に変化する存在で、ずっと同じ状態ということはありえません。とくに子供の変化は早く、大きいものです。変化は誰にでも自然に起こっているのですが、意識していないと見逃してしまいます。「変化は必ず起きている」「しかし、それはよく見ていないと気づかない」ということを肝に銘じ、丁寧に観察し、見つけていくことが必要です。

もし、時間が経っても変化しないとしたら、変化を妨げる何かがあるのかもしれません。一番気をつけなくてはならないのは、「変わらない」という思い込みです。「あなたはいつもこうなんだから…」、「やっぱりダメね」というおとなの言葉がけが、子供の「どうせ自分は変わらない」という思い込みを強くし、その通りになってしまうことがあります。「あなたは変わるよ」、「もっと成長するよ」という思いをもち、言葉をかけることが、変化を後押しするのです。

また、ちょっと流れが変わること、少しだけいつもと違うことが、大きな変化につながります。一見、取るに足らないと思われるような小さな変化に注目してみましょう。そして、今何かがうまくいっていないなら、何か小さな変化を起こしてみましょう。それがうまくいけば、続ければ良いし、良くなければ、

何か違う小さな変化を考えてみます（中心哲学のルール2・3）。

② 「解決」について

解決志向ブリーフセラピーでは、過去の問題やその原因に関することよりも、どうなればよいのかを話す、つまり解決について話をすることの方が役に立つと考えます。問題やその原因にふれなくても、「どうなりたいのか」「どうなっていればよいのか」という**解決像**を共有して、そこに向けて進んでいくことは可能です。解決像とは、たどり着きたい目的地ですので、それがわからないままでは効率的に相談を進めることができません。

③ 「リソース」について

クライエントを解決に導くのは、カウンセラーの力ではなく、クライエント自身がもつ**リソース（資源）**です。自分では気づいていないかもしれませんが、リソースがない人はいません。リソースとは、その人がもつすべてものを指しています。特別に優れたものだけではなく、当たり前のこと、その人の持ち味もリソースです。通常は短所ととらえられることも、使い方によっては解決に役立つリソースと考えます。

表 11-3　リソースの例

内的リソース	長所・短所も含めたその人の特徴 趣味、興味、好きなこと、特技 特別に優れていなくてもできることすべて
外的リソース	家族、先生、友だち、先輩、近所の人など、支えてくれる人 学校、部活、家、ペット、宝物など、支えてくれる物や環境

ないものねだりをしても始まりません。ささいなことで構わないので、すでにある、たくさんのリソースに気づき、それを活用することを考えましょう。本人と話す時だけでなく、家族や本人を取り巻く人々と関わる時は、常にリソースを聞き出すことを意識するようにします。すでにあるけれど、埋もれてしまっているリソースを見つけ、クライエントと共有し、その活用をともに考えることが、カウンセラーの仕事です。

今はうまくいっていなかったとしても、クライエントは自分にとって良いことやうまくいく方法を、実は誰よりも知っている、「自分自身の解決の専門

家」なのです。カウンセラーが、本人の解決の力を信じ、本人から教えてもらう、Not Knowing の姿勢（知らない姿勢）で関わることで、クライエントは多くの発見をします。クライエント自身が自分のリソースに気づき、それを自分に合った方法で上手に活用し、「なんとかやっていける！」と感じられるようになることを目指していきます。

🌱 第2節 ブリーフセラピーの技法

（1）面接の導入

　まずは、「いろいろ大変ななか、よく来てくれました」という気持ちで歓迎し、ねぎらうことからスタートです。相手の話し方、考え方を感じとり、それにあわせて話を聞いていきます。相談に来た経緯、理由、ニーズなども確認します。

　解決に必要な要素は、「リソース」「解決像」「アクション」の3つです。今すでにある材料（リソース）を集め、目指す先（解決像）を確認し、実際に行動を起こす（アクション）、という流れを意識して、面接を進めていきます。

（2）リソース探しとコンプリメント

　見つけたリソースを肯定的にフィードバックすることをコンプリメントといいます。具体的には、ほめる、ねぎらう、認めるといった言葉がけや、肯定的な注目や態度を示すことです。面接では、常にリソースを探し、タイミングよくコンプリメントをすることを心がけます。とくに面接の導入の段階では、クライエントの好きなことや興味のあることを尋ねるなどして、リソースを見つけ、コンプリメントをする機会を積極的に作っていきましょう。

　「問題や原因」について、カウンセラーから掘り下げて聞くことはしませんが、クライエントが話したい場合には、ていねいに聞きます。「過去の問題を話すのは無駄だ」「原因を考えても意味がない」などと決めつけるのではなく、クライエントに共感しつつ、「この話のなかに、使えそうなリソースはないか？」という観点で聞くようにします。見つけようとしていると、どんな話の

なかにもリソースが見つかるものです。

　なかには、「相談に行くように言われたから来た」という、相談ニーズが低いクライエントもいますが、そのような時こそ、リソース探しとコンプリメントを中心にした面接を行うと良いでしょう。

　コンプリメントは、クライエントの年齢、性格を考慮し、相手にフィットする方法で行うことが大切です。大げさにほめると、バカにされたと感じたり、わざとらしく感じたりすることもあります。さりげない言葉、笑顔、驚きのしぐさや大きなうなずきなど、臨機応変に効果的な方法を考えましょう。「ありがとう」「助かったよ」など感謝の言葉を伝える、「○○さんがほめてたよ」など間接的な表現で伝えるといったコンプリメントも使いやすいでしょう。

　面接場面以外でも、日頃からリソースを探しコンプリメントをすることが、子供の成長を促し、問題の予防にもつながります。

（3）解決像の構築とゴールの設定
①　解決像の構築

　面接のなかでは、何はともあれ、どうなっていれば解決なのかを明確にすることが必要です。クライエントがどんな未来を望んでいるかは聞いてみないとわかりません。こちらが勝手に「こうなりたいだろう」と決めつけてしまっては、すれ違いが生じます。クライエントの話したいことが一段落したら、早めに聞いておきましょう。ただし、最初から自分の望む未来を明確に意識している人は少なく、多くの人は「よくわからない」と答えると思います。そのため、以下の表のような工夫をしながら聞いていくことが必要です。

　このように、望んでいる状態についてさまざまな方法で話しあうことをソ

表 11-4　解決像の聞き方の工夫

● 今の状態、実現の可能性や難しさ、まわりの期待などは無視して考える
● 「1 年後」「20 歳の時点」など、少し先についてイメージしてみる
● ○○大学に入る、○○の職業に就くといったことだけでなく、「こんな所で、誰と、こんな風に過ごしている…」といった日常が、リアルにイメージできるような質問をする
● すばらしい未来である必要はなく、「普通」「何とかやれている」も解決像と考える

リューショントークと呼びます。以下の表は、よく使われる質問の例です。

表 11-5　解決像を聞く質問の例

ミラクルクエスチョン
今晩寝ているあいだに奇跡が起こって、今困っているすべての問題が解決してしまったとします。明日の朝起きて、どんなことから奇跡が起きたことに気づきますか？　今と何が違っていますか？そして、どんな一日になるでしょう？
タイムマシンクエスチョン
タイムマシンに乗って、○年後の未来の自分を見に行ったとしたら、あなたはどこで何をしていますか？　タイムマシンからどんな光景が見えますか？

②　ゴールの設定

　ゴールとは、解決像に向かうための小さな目標のことで、解決に向かって踏み出す、最初の小さな一歩です。解決像はすぐに実現可能なものでなくてよいのですが、ゴールは違います。どんな一歩ならすぐにでも実行にうつせるでしょうか。表に示した、良いゴールの条件を満たすよう、ゴールを設定します。

表 11-6　良いゴールの条件

①　大きなものではなく、小さなもの
②　抽象的なものではなく、具体的な行動で表現できるもの
③　否定形（～しない）ではなく、肯定形（～する）で表現できる行動

　私たちは、つい大きなゴールを考えてしまいがちですが、すぐにでも達成できそうな小さなゴールを、スモールステップで積み重ねていくのが基本です。そして、ゴールは、他人が見たり、聞いたりできる、具体的な行動である必要があります。たとえば、「頑張る」はまったく具体的ではありません。「毎朝家族に“おはよう”と言う」「夕食後に親子で漢字を2文字練習する」など、できたかどうか、誰が見てもはっきりわかるのが具体的なゴールです。そして、行動は「怒らない」「寝坊しない」といった否定形ではなく、「遊びのルールを守る」「朝食を食べる」といった肯定形で表現します。「～しない」ではなく、やめたいことをやめた時に、何をしていたいかを考え、「～する」と表現します。
　ゴールを決めるのはもちろんクライエントですが、それが「良いゴール」になるように話しあい、解決像に向け、一歩ずつ成功体験を積めるよう支援しま

す。うまくいかない時は、ゴールを設定し直す必要があります。

（4）アクションにつなげる対話

リソースが見つかって、解決像を描くことができたとしても、行動しなければ解決にはたどり着けません。具体的なアクションにつなげる対話が必要です。

①　例外探し

人は常に変化していますので、ずっと最悪な状態ということはありえません（発想の前提①）。解決志向ブリーフセラピーでは、「いつもより少しましなこと」「いつもはできないけれど1回だけでもできたこと」を「**例外**」と呼び、注目します。例外は「すでに起こっている解決の一部」ともいわれ、例外の頻度が増えれば、例外でなくなり、解決に到達します。不登校の子がちょっとでも学校と接点をもったのはどんな時でしょう？　いつも意地悪な子が優しい一言を発した時はいつだったでしょう？　例外は大事なリソースですので、まずは「できたね！」「すごい！」とコンプリメントします。さらに、例外が起こる場面やきっかけを分析することで、次にやるべきことが見えてきます。

例外が見つからない時や、もっと例外を探したい時には、次の面接までに自分の日常をよく観察し、例外を見つけてくるように促す「**観察課題**」を提示します。観察も大切で効果的なアクションです。

②　成功の責任追及

リソースや例外を見つけたら、コンプリメントで終わらず、「どうやってやったの？」「どうしてできたの？」「何がよかったの？」と理由ややり方を尋ねることも効果的です。これを**成功の責任追及**といいます。しっかり追及することで、成功を再現しやすくなります。そして、「それはよい方法だから、同じことをもっとやろう！」と促すことを**Do More課題**といいます。新しいことをやるよりも、今できていることを意識して続ける方が取り組みやすいものです。

③　スケーリングクエスチョン

最高に良い状態、望んでいる状態を「10」として、一番悪い状態、とても残念な状態を「1」とすると、今はどのくらいの位置にいるかを尋ねるのがス

ケーリングクエスチョンです。今の状態について、「すでに何ができているからこの数字なのか」という視点で尋ね（リソースや例外を見つける）、さらに1上がったら何が違うのかを聞いていきます（ゴールを考える）。つい、「満点でないのは何がダメだから？」と考えたくなりますが、今の数字の中身を見つめ、「今すでにできていること」に気づくことが目的ですので、数字の大きさに一喜一憂する必要はまったくありません。そして、今の状態と、「1」上がった、少しだけ良い状態との差異がわかればいいのです。このように、数字で考えることで、自分の状態をとらえやすくなりますし、「1」刻みの小さな目盛りで検討することで、次の行動がイメージしやすくなり、アクションにつながります。

また、10の状態をイメージすることは、自分が望む最高の姿、つまり解決像の構築につながります。

🌱 第3節 学校・保育現場に活かすブリーフセラピー

（1）いいとこ探し（リソース探し）の活動

日頃から教師・保育者が、子供のいいところを探し、それをフィードバックすることを習慣としていれば、子供たちも自然とそれをまねし、身につけていきます。いいところに注目したコミュニケーションが活発にあることは、クラスの居心地を良くし、子供自身のリソースをさらに増やします。授業・学級活動などのなかで、ワークとして取り組むのも効果的です。

表 11-7　いいとこ探しの活動例

● 授業内の発表や、作品の鑑賞で、互いのいいところを見つけあう
● グループ内で、メンバーのいいところをカードに書いて交換しあう
● 委員会活動・係活動として、誰かにポジティブなメッセージを書いたカードを募集し、届けるキャンペーンを企画する
● 担任以外のおとなが授業観察に入り、クラスのみんなのいいところを見つけ、フィードバックする

（2）スケーリングの活用

日頃から、なんらかのスケール（尺度）を用いてふり返りをすることは多い

と思います。その時に、「何がダメだったか？」という反省ではなく、「何ができているか？」をふり返ってみましょう。図11-1のようなワークシートを使うとわかりやすいと思います。ふり返りの目的によって、対象を自分自身にすることも、クラスの状態にすることもできます。子供の発達段階によって、目盛を1〜5にしたり、顔の表情や天気マークで示したり工夫してください。

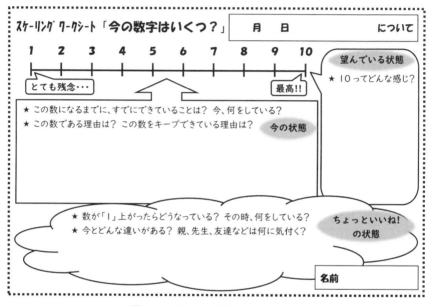

図11-1　スケーリングワークシートの例

（3）面談での活用

　ブリーフセラピーの手法は、個人面談や保護者面談でも気軽に活用できます。面談の際は、成績、問題行動など、伝えるべきこともあるでしょうが、それに加え、リソースの共有ができるよう、以下のリストを参考に、準備しておくとよいでしょう。リストを作成する際は、自分で考えるだけでなく、その子供にかかわりのあるいろいろな人から情報収集をすることも大切です。

表 11-8　面談準備メモリスト

- 教師から見て、素敵だな、いいな、うれしいなと感じたこと
- 友だちや教師など、誰かから感謝されたエピソード
- 本人の興味関心、強み、売り、頑張っていること
- 保護者や家庭について、教師に語ったポジティブなエピソード
- もっと成長するために使えそうなもの、役に立ちそうなこと
- 教師が期待していること

　また、保護者面談は、教師にはわからない家庭での姿、集団生活では見えないリソースを知るチャンスです。保護者の考え、目指すところも聞いてみなくてはわかりません。子供を育てるパートナーとして、情報共有をし、子供の成長を促していきましょう。

表 11-9　面談で保護者から聞くこと

- 親から見た本人の特徴（必ずポジティブな面も）
- 興味をもっていること、好きなこと
- 学校のことをどのように話しているか、学校のどんなことをよく話すか
- 最近成長したなと思うのはどんなことか
- どのようなおとなに育ってほしいのか、親の願い
- そのために家庭で大事にしていること、心がけていること
- 学校生活や教師に対する期待、要望

第4節　教師・保育者がブリーフセラピーを学ぶ意義

　日本でスクールカウンセラーが導入された当初、医療機関や相談機関で、一般的に行われてきたカウンセリングの方法をそのまま教育現場に導入してもうまくいかないのではないかと言われていました。そのようななか、ブリーフセラピーは教育現場にもなじみやすい方法であり、相談室での個別面接に限らず、グループワーク、学級活動、コンサルテーションなど、さまざまな活動に応用が可能な方法として広く使われるようになりました。

　「問題」という視点ではなく、何ができているのか、何が役に立つかを考えていくブリーフセラピーは、いじめや不登校、発達障害など教育現場でよくみられる課題に対し、みんなで協力して取り組むためにとても役に立ちます。な

ぜならば、「問題」に焦点を当てないということは、「悪者」を作らないからで
す。いじめっ子が悪い、先生が悪い、親が悪い、学校が悪い、社会が悪い……
言い始めたらきりがないですし、誰かを悪者にして攻撃しても、何の解決にも
なりません。それよりも、今あるリソースをフル活用し、例外（うまくいってい
る時間）を増やしていく方が、子供の成長を促す教育現場にはフィットする方
法でしょう。教育現場はチームワークで成り立っていて、リソースにあふれて
います。子供たちが、毎日長い時間過ごす場を、実り多く、笑顔にあふれた場
にしていくために、ブリーフセラピーを活用してほしいと思います。

（渡辺　友香）

　　　〈引用・参考文献〉
森俊夫・黒沢幸子　2002　＜森・黒沢のワークショップで学ぶ＞解決志向ブリーフセラピー
　　ほんの森出版
黒沢幸子　2008　タイムマシン心理療法――未来・解決志向のブリーフセラピー――　日本
　　評論社
森俊夫　2015　ブリーフセラピーの極意　ほんの森出版

　　　〈読者のための読書案内〉
＊黒沢幸子（編）『ワークシートでブリーフセラピー ── 学校ですぐ使える解決志向＆外在
　化の発想と技法』ほんの森出版、2012 年：ワークシートをやってみることで、ブリーフ
　セラピーの考え方や手法を体験することができます。解決志向のエッセンスも示されてい
　るので、手軽に学ぶことができる本です。
＊黒沢幸子・渡辺友香『解決志向のクラスづくり完全マニュアル──チーム学校、みんなで
　目指す最高のクラス！』ほんの森出版、2017 年：解決志向を日本の学級に取り入れるた
　めの具体的なプログラムと、実践例が示されています。マニュアル通りに実践しても、部
　分的に取り入れても良いと思います。
＊スー・ヤング　黒沢幸子（監訳）『学校で活かすいじめへの解決志向プログラム──個と
　集団の力を引き出す実践方法』金子書房、2012 年：いじめに対し、解決志向での取り組
　み方が具体的に示されています。いじめという問題に焦点を当てるのではなく、良いかか
　わりを引き出すことを大事にしたアプローチです。

12

カウンセリングの理論⑧：グループ・アプローチ

第1節　グループ・アプローチとは

　カウンセリングというと1対1の密室で行われるイメージをもたれることが多いのですが、グループ・ダイナミックス（集団力動）を活用したアプローチもあります。ストレスの多い現代社会において、心や行動の問題に対してグループを活用したアプローチが、保健医療、福祉、教育、司法矯正、産業労働の分野など、多岐にわたって実践されています。個人のカウンセリングの場合、過去に積み残してきた課題や、将来への不安などが話題となることも多いのですが、グループ・アプローチでは、「今、ここ（here and now）」での現象に焦点を当てて、メンバーやグループ全体に働きかけていきます。

　グループ・アプローチとは、「個人の心理的治療・教育・成長、個人間のコミュニケーションと対人関係の発展と改善、および組織の開発と変革などを目的として、小集団の機能・過程・ダイナミックス・特性を用いる各種技法の総称」のことです（野島, 1982）。また、グループ・アプローチは、「自己成長をめざす、あるいは問題・悩みをもつ複数のクライエントに対し、一人または複数のグループ担当者が言語的コミュニケーション、活動、人間関係、集団内相互作用などを通して心理的に援助していく営み」と定義されています（野島, 1999）。

　多くの文献で、グループ・アプローチの最初の試みは、1905年にボストンの内科医であるジョセフ・プラットが結核患者のために行ったクラスであるといわれています。そのグループでは仲間意識が芽生え、患者同士が情緒的にサポートするようになりました。グループ・アプローチの実践のパイオニアとしては、前述のプラットと、移民にグループ・アプローチを実施したソーシャルワーカーのジェーン・アダムス、高校で職業ガイダンスを行った校長のジェ

シー・デイビスがあげられています（Leddick, 2011）。さまざまな領域で必要に応じてグループ・アプローチが始まったことがわかります。

第2節 グループ・アプローチの特徴

　グループ・アプローチには、個人アプローチと共通して効果的な要因もありますが、集団に特有の効果的な要因が多くあります。グループ・アプローチを行うならば、メンバーに変化を生じさせる集団特有の作用メカニズムを知っておく必要があります。グループ・アプローチの特徴については、ヤーロム（Yalom, I. D.）が提唱した11の治療因子（therapeutic factor）が有名ですので、

表12-1　グループ・アプローチの治療因子　（Yalom, 2012 より作成）

治療因子	概念の説明
① 希望をもたらすこと	他のメンバーが成長、進歩していくのを目の当たりにすることによって、励まされ、期待を抱くこと
② 普遍性	他のメンバーにも自分と同様の問題や考えを抱いていると認識することで安心感を生むこと
③ 情報の伝達	グループ担当者や他のメンバーからの教示や助言
④ 愛他主義	他のメンバーを援助し、自分が他者にとって重要な存在になりうると気づくことによって、活力が得られ、自尊心が高まること
⑤ 初期家族関係の修正的なくり返し	成長を阻む家族関係の構造をグループのなかで再体験して、吟味、修正していくこと
⑥ ソーシャルスキルの発達	グループのなかで適応的で効果的なコミュニケーションスキルを学び、発達させていくこと
⑦ 模倣行動	他のメンバーの言動を観察し、お手本にすることによって、固定した状態を解きほぐして新しい行動様式を試みるようになること
⑧ 対人学習	他のメンバーからのフィードバックと自己観察を通して、自分の対人行動の重要な側面に気づき、対人的な行動に変化が表れること
⑨ グループの凝集性	メンバーがグループを尊重する一方、自分も他のメンバーに尊重されていると感じる状態のこと
⑩ カタルシス	率直な情動表現によって気持ちを解放したり、感情を吐き出すこと
⑪ 実存的因子	自分の人生に向きあい、自身の行為や決断に対して責任をもつこと

ヤーロム（Yalom, 2012）を参考にまとめたものを表12-1に示します。

　ヤーロムが提唱する治療因子は、ヤーロム自身の臨床経験やほかのセラピストの経験、グループ・アプローチがうまくいったメンバーの意見、および関連する研究から生まれたものです。ヤーロムが示した特徴以外にも、以下の3つはグループ・アプローチにとって重要なポイントであると考えられています。

　第一に、現実場面に近いことです。現実場面は、個人アプローチのカウンセリング場面のように無菌室（二者関係のなかで傷つくことを言われず非常に受容的な雰囲気）のようではありません。子供たちは保育園、幼稚園、学校など、多くの時間を集団のなかで過ごします。時には思いがけず傷ついてしまうようなこともあるでしょう。グループ・アプローチは集団場面を活用しますので、このなかで体験したことは現実場面に近く、一般化しやすいといえます（野島, 1999）。

　第二に、メンタルヘルスの保持増進につながることです。個人アプローチの場合は、問題や悩みを抱えてから来談することになりますが、グループ・アプローチにおいては問題や悩みを抱える前に予防的に関わることができます。予防には、問題の発生そのものを防ぐ「一次的予防」と、なんらかの問題が生じた後にそれを早期に発見し、対処する「二次的予防」がありますが、この両者において、子供たちの集団に働きかけるグループ・アプローチは有効な手段となっています（正保, 2007）。また、問題や病理を抱えていない健康な子供たちにとっても、グループ・アプローチはストレスを緩和したり、ストレスへの対処方法を豊かにしたりする機会になります。

　第三に、経済的であることです。グループ・アプローチは、少ない担当者で多くのメンバーを相手にできるので、グループ担当者にとっては時間的・労力的に経済的で、参加者にとっても個人アプローチより金銭的負担が少なくなります（野島, 1999）。

　グループ・アプローチの体験は、各メンバーに固有の欠けている部分に効果的に作用することが示唆されています（Yalom, 2012）。そのため、たとえ同じグループ・アプローチに参加しても、メンバーによって効果の出る領域は異なってくるでしょう。また、集団の目標が異なれば、内容も異なってきます。

グループ・アプローチの担当者は、集団の目標を設定する際、メンバーの課題をふまえて効果的なプログラムを選んでいくことになるでしょう。グループ・アプローチのこれらの特徴は、内容を考える際、そして集団のなかで起こっていることを理解する際にも理論的な枠組みを提供してくれます。

第3節　グループ・アプローチの技法

　グループ・アプローチの技法には、グループ・サイコセラピー（集団心理療法, 集団精神療法）、心理劇（サイコドラマ）、ロール・プレイング、グループ・カウンセリング、グループ・ワーク、集団指導、構成的グループ・エンカウンター、非構成的エンカウンター・グループ、ピア・サポート活動、ソーシャルスキル・トレーニング（SST）、アサーション・トレーニング、人間関係ゲーム、インプロヴィゼーション（応用インプロ）などがあります。

　このように技法は数多くあるため、グループ・アプローチの初心者はいつ、どのような時に、どの技法を使ったらよいか迷うことになると思います。村山（2014）は、近年の参加者は自己肯定感が低く、対人不安傾向が強くなってきており、構成型、非構成型のグループを実施しても必ずしも所期の成果を得られないことから、構成／非構成にこだわらず、目的に応じてこの両者を自由に活用する「PCAグループ」を提唱しています。参加者は性格や好みもさまざまであり、同じグループ・アプローチに参加しても、その体験についての評価にはばらつきが出てきます。どの技法が正解、というのはありません。まずは、技法の名称に左右されずにいろいろなアプローチを体験し、自分が一番実施しやすくなじむ技法をベースとして、目的に応じてアレンジしていくのが良いように思います。

　グループ・アプローチの技法は、コミュニケーションの方法によって分類することができます（田辺, 2017）。

　（1）言語コミュニケーションの手法が中心のグループ
　（2）活動と言語的コミュニケーションを組みあわせたグループ

（3）アクションの手法が中心のグループ

　言語では話しあうという形式を通して、自分のテーマに焦点を当てて深く掘り下げたり、メンバーの相互作用を高めたりします。活動では作業を通して、アクションでは身体を用いた行動を通して、自己を理解したり、メンバーの相互作用を高めたりします。

　カール・ロジャーズ（Rogers, C. R., 2007）は、人が実際にその時感じていることを表現するように思われる時、ロール・プレイ、身体接触、心理劇、演習、その他種々の方法を使ってもよいであろうと述べています。安部（2010）も、コミュニケーションにおいては使えるチャンネルが多いほどさまざまな試みが可能であるため、言葉だけに限定せず、身体、イメージ、言葉を通してのコミュニケーションの3つぐらいは、コミュニケーション・チャンネルとして用意しておくことを提案しています。

🌱 第4節　子供を対象とするグループ・アプローチ

　教師、保育者がグループ・アプローチを実施する場合は、児童生徒が主な対象者になると思います。子供を対象としたグループ・アプローチのパイオニアは、サミュエル・スラブソン（Slavson, S. R.）といわれています。スラブソンは、1930年代にニューヨークの街で放置されて非行傾向にあった貧しい移民の子供たちに、絵や工作、音楽などの創造的な活動を教えて、子供たちに才能を見つけさせようとしていました。しかし、スラブソンは、子供たちがその活動自体にはあまり興味を示さないのに問題行動が改善することに気づき、グループ内での仲間とのやりとりや集団そのものが治療的に有効であったことを明らかにしました。そして、1934年、活動集団療法（active group therapy）のプログラムが作られました。活動集団療法の特徴は、治療的意義は活動そのものにあること、グループ・アプローチの担当者は子供たちに対して制限することはせず、言語的より非言語的、指示的より非指示的に関与していくこととされています（宮内・藤岡・川田，1987）。

子供は、自分の感情や考えを言語のみで表現することが難しいです。子供は言語の代わりに遊びなども主なコミュニケーション手段とするため、子供を対象としたグループ・アプローチにおいては、言語での交流が主流である成人とは異なり、子供の発達段階に応じた内容・方法で行うことになります。幼児や小学校低学年の児童には、身体を動かす活動や遊びを中心とした活動、小学校中学年以降の児童には、工作、スポーツ、ゲームを媒介とした活動に加え、目的に応じて言語で交流する活動を取り入れていくことになります。思春期以上の子供には、成人と同じように言語を主としたグループ活動も行われます。

　西村（2017）は、身体を使って楽しめる活動を基盤とする小学生のグループ・アプローチの事例や、身体を使って楽しめる活動を基盤としつつ、より言語的な相互作用、自己理解の促進のための活動を組み込んだ中学生のグループ・アプローチの事例を紹介しています。小学生向けの活動として、木登り、そりすべりといった個人でできるシンプルな身体運動、大縄跳びやおにごっこなどの集団遊び、野球やドッヂボールなどのルールに基づく集団スポーツなどの「身体運動系活動」をあげており、中学生向けの活動として、サイコロトーク、すごろくトーク、造形を通して自分を表現する絵、物作り活動などの言語的相互作用を活性化する「自己表現系活動」をあげています（西村，2017）。

　子供を対象とするグループ・アプローチの場合、受容的な雰囲気がとくに大切であり、子供たちがのびのびと自分を表現したり、ほかのメンバーと交流できるようにしたりするためには、言語だけではなく活動やアクションなどの非言語的な活動も積極的に取り入れて媒介とする点が特徴的といえるでしょう。

🌱 第5節 ： グループ・アプローチの実施

　グループ・アプローチの諸技法のなかで、構成的グループ・エンカウンターはもっとも学校場面に適した技法であるという指摘があります（正保，2007）。本章では、教師、保育者が現場でグループ・アプローチを実施することを念頭に置き、構成的な枠組みで筆者が行っているグループ・アプローチの実施の流

れを例として示します。

（1）事前準備の段階

対象となる個人と集団全体のアセスメント（見たて）を行い、目的の設定と内容を決めます（手だて）。

① 目　　的

a）治療的（症状や問題となる行動、心理的な悩みなどの解決や緩和）、b）教育的（訓練）、c）人格的な成長、d）メンタルヘルスの保持増進などがあげられます。

② グループ・アプローチの担当者

セラピスト、リーダー、トレーナー、ファシリテーターなど、グループ・アプローチの立場によってさまざまな名称で呼ばれています。状況によって1人で担当することも少なくないと思いますが、できれば複数の担当者がいて役割を分担できるのが望ましいです。担当者は、メンバーが自分の感じたことをその場で言葉にして、他のメンバーからフィードバックをもらい、自分の問題の理解や解決につながるという体験ができるように支えていきます（田辺, 2017）。

③ 集団の編成

担当者は目的に適うように集団を編成します。

対象とするメンバーについては、一定の基準で選択するかどうか、人数をどれぐらいにするかということを検討します。対象者の特性や目的などによって5〜6人から数十人までばらつきがあります。

形態については、クローズド・グループにするか、オープン・グループにするか検討します。前者は、参加者が定まっていて、途中で新メンバーを入れないグループです。後者は、自由に開かれていて、途中から新メンバーが加わることを認めるグループです。

時間については、週に1回、隔週1回、月1回といった範囲で定期的に行う「継続型」にするのか、合宿など数日間にわたり集中的に行う「合宿（集中）型」にするか、頻度と回数を検討します。1回のセッションの時間は、30分、45分、1時間、75分、90分などがあります。児童生徒の場合、1セッション

が授業 1 コマ（45 分〜50 分）のなかにおさまるように設定するのが良いと思います。発達段階を考慮すると、幼児はそれよりも短時間で設定する方が集中力を保ててよいと思われます。

　場所については、どれぐらいの広さの部屋で行うか、机を使用するか否か、椅子を使用するか否かなどを検討します。広すぎると落ち着くことができず、狭いとのびのびとできません。机や椅子があると作業はしやすいですが、授業モードになってしまい物理的にも心理的にも人との距離ができます。机や椅子がない方が人との距離は近く感じますが、その分不安を感じやすくもなります。

④　インフォームド・コンセント

　グループ・アプローチの目的や意義についてガイダンスを行い、メンバーから合意を得ておくことが望ましいでしょう。事前の説明と合意、丁寧な準備がグループ・アプローチの成否の鍵を握っています。また、参加にあたって約束事（グループ・アプローチ中に聞いた話をよそで言いふらさない、人を傷つけるような発言は控えるなど）についてもあらかじめ確認しておくとよいでしょう。

(2)グループ・アプローチの実践の段階

① 　ウォーミングアップ

　心を動かしやすくするための準備体操のようなものです。メインのプログラムへスムーズに導入するために行います。場の雰囲気をほぐして、メンバーの緊張や不安を和らげます。ウォーミングアップといってもあなどれません。ウォーミングアップも重要な役割を果たす可能性があり、目的やプログラムとの連続性についても考慮するとグループの効果がより高まります。

② 　プログラム

　まず、最初にプログラムの目的を提示し、内容について教示します。担当者がデモンストレーションを行うと見本になり、メンバーの不安も低減します。

　プログラムとしては、エクササイズ、ロール・プレイング、劇化（ドラマ化）、テーマに基づく話しあいなどがあげられます。プログラムの内容は、さまざまな本などから目的にふさわしいものを見つけたり、既成のものを対象者に応じ

てアレンジしたり、自分でオリジナルのものを創ったりして組み立てていきます。プログラムは、自分でも一度はやってみた方がよいです。どういうところが難しいかなどをメンバーの視点から体験することで、教示などに活かすことができます。また、授業時間など決められた予定のなかでグループ・アプローチを行う場合、タイムマネジメントは大切ですので、一度やってみることで時間配分のシミュレーションもできます。プログラムの形態としては、前述したように、言語的コミュニケーションだけではなく、活動やアクションなども積極的に取り入れると良いでしょう。

　國分（1997）は、エクササイズの内容が「おもしろくて、ためになり、理論にかなっているか」をそのつど吟味する必要性について指摘しています。また、健康な集団の風土を発展させて維持するために、3つの構造のレベル（個人内、グループ内、対人関係）をよく観察し、適切に介入しなければならないということが指摘されています（アメリカ集団精神療法学会, 2014）。プログラムが、「おもしろくて、ためになり、理論にかなっているか」どうか、メンバー個人、集団全体、メンバー間の相互作用それぞれの観点から判断しながら進めていくことになります。

③　シェアリング

　グループ・アプローチで感じたこと、感想などを話します。自分の体験したことを整理して開示することで、自己の盲点に気づいたり、他のメンバーに共感を覚えたり、おのずと自分自身を客観的に見ることができるようになります。また、心残りを解消する役割や、非日常から日常へと戻るための橋渡しの役割もあります。シェアリングは心を「開いて閉じる」作業といえます。

④　ま　と　め

　全体を小グループに分けてプログラムやシェアリングを行った場合、時間があれば全体で感想などを共有することがあります。また、目的に沿って体験の意義について解説をすることがあります。國分（2019）は、各プログラムの意味を明確にしないと歓談に終わってしまうことを指摘しています。解説は、メンバーにとって体験したことの種明かしとなり、知性化されて、体験をしまっ

ておくための引き出しとなります。

（3）事後のふり返りの段階

① 記録とアンケートの確認

終了後は記録をとり、感想などのアンケートがある場合は目を通します。

② ふり返り（スタッフ・ミーティング）

担当者間でセッションをふり返り、気になったメンバー、全体の雰囲気、メンバー間の相互作用、プログラムの効果や問題点などについて話しあいます。継続的なグループ・アプローチであればプロセスについても検討します。**スーパービジョン**があるとなお良いです。担当者が1人の場合も、記録とアンケートなどを照らしあわせてふり返ります。

村山（2014）は、学校で実施するグループ・アプローチは「必修授業」で欠席ができず初期不安が高くなるため、初期不安を緩和し、「そのままでいられる」、「今のままでいられる」、「無理をしないでそこにいられる」ように配慮することが重要であると指摘しています。プログラムの順序としては、基本的に、「初期不安の軽減」→「比較的安全なレベルの自己開示」→「グループの凝集性の促進」→「自発性の発揮とクラスの凝集性の促進」という順序で行うことが多いと示されています（村山, 2014）。単発ではなく、「継続型」や「合宿（集中）型」のグループ・アプローチの場合、プロセスを検証しながら、目標に向かって毎回のプログラムを編成していくことになります。

🌱 第6節 ： グループ・アプローチにおける留意点

グループ・アプローチでは、許容的な雰囲気のなかで、各メンバーが自発性を発揮し、自分自身のこれまで気づいていなかった可能性に気づいて能力を発揮できるようになり、他者と親密な人間関係を形成するように支えられていきます。その一方で、ついていけずに落ちこぼれてしまう人、ほかのメンバーの言動に傷ついてしまう人がいたり、雰囲気が停滞したりする可能性もあります。

担当者は、前進するベクトルと後退するベクトルのどちらにも配慮して、時には介入をしながら全体のバランスを考えて進めていく必要があります。担当者は、刻々と変化するメンバーや全体の様子をアセスメントしながら、状況に応じて予定していた時間配分やグルーピングなどを臨機応変に変更していくこともあるでしょう。

　グループ・アプローチの体験は一期一会です。同じプログラムを別の集団に実施してもまったく同じ体験にはなりません。手順に追われてしまうのではなく、みずからもメンバーとともに一期一会の出会いとプロセスを楽しみながら実施する方が、結果としてグループ・アプローチの効果も高くなるように思います。グループ・アプローチは参加メンバーだけでなく、担当者も成長させてくれる機会となります。

（三浦　文子）

〈引用・参考文献〉

安部恒久　2010　グループアプローチ入門──心理臨床家のためのグループ促進法──　誠信書房

アメリカ集団精神療法学会 2014 日本集団精神療法学会（監訳）　AGPA 集団精神療法実践ガイドライン　創元社

國分康孝　1997　心のふれあいを促進させる構成的グループエンカウンター　國分康孝（編）　子どもの心を育てるカウンセリング　学事出版　pp.34-42.

國分康孝　2019　カウンセリング心理学からみたグループアプローチ　國分久子（編）　講座　カウンセリング心理学　図書文化社　pp.54-61.

Leddick,G.R. 2011 *The History of Group Counseling* In R. K. Conyne,（Ed.）. The Oxford Handbook of Group Counseling,　Oxford Univ Pr. pp.52-60.

宮内和瑞子・藤岡郁子・川田行雄　1987　児童の集団精神療法　山口隆・増野肇・中川賢幸（編）　やさしい集団精神療法入門　星和書店　pp.321-342.

村山正治　2014　PCA グループの理論と実際　村山正治（編）「自分らしさ」を認める PCA グループ入門──新しいエンカウンターグループ法──　創元社　pp.12-26.

西村馨　2017　小学生・中学生のグループ　藤信子・西村馨・樋掛忠彦（編）　集団精神療法の実践事例 30 ──グループ臨床の多様な展開──　創元社　pp.135-146.

野島一彦　1982　グループ・アプローチ　岡堂哲雄（編）　社会心理用語辞典　現代のエス

プリ別冊　至文堂　pp.86-87.

野島一彦　1999　グループ・アプローチへの招待　野島一彦（編）　グループ・アプローチ　現代のエスプリ　至文堂　pp.5-13.

ロジャース, C.R.　畠瀬稔・畠瀬直子（訳）　2007　新版エンカウンター・グループ──人間信頼の原点を求めて──　創元社

正保春彦　2007　開発的・予防的カウンセリング（グループアプローチ）　国立大学教育実践研究関連センター協議会　教育臨床部会（編）　新しい実践を創造する学校カウンセリング入門　東洋館出版社　pp.62-67.

田辺等　2017　グループの治療的・成長促進的な力を活用するということ　こころの科学　192　（3）　pp.8-14.

ヤーロム, I.D.　中久喜雅文・川室優（監訳）2012　ヤーロム グループサイコセラピー 理論と実践　西村書店

〈読者のための読書案内〉

＊安部恒久『グループアプローチ入門──心理臨床家のためのグループ促進法──』誠信書房、2010 年：著者の長年のグループ体験から、グループ・アプローチにおけるグループ促進の実際についてのノウハウや実例を通したファシリテーションが示されています。グループ・アプローチの入門書。

＊國分康孝・國分久子（総編）片野智治（編）『構成的グループエンカウンター事典』図書文化社、2004 年：構成的グループエンカウンターの理論から、エクササイズ例までが豊富に示されています。目的や対象者に応じたエクササイズを探すことができます。

＊正保春彦『心を育てるグループワーク──楽しく学べる 72 のワーク』金子書房、2019 年：グループに関わるコンセプトを「かかわる」、「理解する」、「表現する」という 3 点からとらえてワークを分類・整理し、具体的な進め方までが示されています。

チーム援助とカウンセリング

第1節 学校におけるチーム援助

(1)チーム援助の意義

　カウンセリングというと、クライエントとカウンセラーの1対1の面接を思い浮かべる人が多いかもしれません。しかし、学校におけるカウンセリング（スクールカウンセリング）は、クライエント（子供や保護者など）とスクールカウンセラーの二者間で完結するものは、ほぼありません。なぜなら、子供が安全に安心して生活を送るためには、関係者が連携し、それぞれの立場から援助することが必要であるからです。ここでいう関係者とは、子供の問題解決に役立つ人（援助者）のことで「**援助資源**」と呼びます。子供の援助資源には、日常的に子供に関わる担任や教科担任・部活動顧問、心身の健康面に対応する養護教諭、心理の専門職である**スクールカウンセラー**（以下 SC）、福祉の専門職である**スクールソーシャルワーカー**（以下 SSW）、そして子供の養育者であり援助者である保護者などが含まれます。子供の問題状況の解決に向けて、豊かな援助資源の活用がなされるよう、チームで検討を行うことが重要になります。

(2)3種類の援助チーム

　石隈（1999）は、チーム援助について、「異なった専門性や役割をもつ者同士が、子供の問題状況について検討し、今後の援助の在り方について話し合うプロセス」とし、異なる機能をもった3種類の援助チームを示しています。

① 個別の援助チーム

　援助ニーズが高い子供を対象とし、具体的な援助内容について検討します。子供の問題状況に応じて、必要なメンバーで構成するプロジェクトチームの特徴をもっています。主なメンバーは、コーディネーター、担任、養護教諭、

SC、保護者等であり、最小限の人数で、フレキシブルに機能することが求められます。

②　コーディネーション委員会

校務分掌にある部会や委員会において、子供の援助に関する情報共有や援助に必要な資源を調整する機能をもち、定期的に行われます。実例として、発達障害の子供の援助を検討する校内委員会、不適応や非行など、主に生徒の問題行動に関する情報共有や対応の検討を行う生徒指導部会・教育相談部会、当該学年の子供たちの様子について学年職員で共有する学年会などがあります。

③　マネジメント委員会

管理職や各部の主事、委員会の代表などにより構成され、人事や予算、教育目標やカリキュラムなど、学校の組織運営に関する幅広い検討が行われます。運営委員会、校務検討委員会、企画委員会などの名称で位置づけられ、定期的に開催されます。

（3）チーム援助のプロセスとカウンセリング

異なる専門性や役割をもつ者が話しあう場合には、カウンセリングの理論や技法の活用が有効です。たとえば、アメリカの心理学者**ロジャーズ**が提唱する来談者中心療法では、「**積極的傾聴（Active Listening）**」において、カウンセラーの基本的態度である①**受容**（無条件の肯定的関心）、②**共感**（共感的理解）、③**自己一致**が重要視されます。この３つをチーム援助のプロセスに関連づけてみると、「①受容（無条件の肯定的関心）」は、相手に関心を向け、お互いを尊重するという、援助チーム形成の基本姿勢と一致します。「②共感（共感的理解）」は、援助チームの話しあいで、異なる意見、多様な考えを理解しようとする態度であり、「③自己一致」は、自分の心の動きを意識しながら相手の話を聴き、意見の相違などを適切にフィードバックすることといえるでしょう。そのほかにも、援助チームの話しあいを円滑に進めるには、「うなずき」や「あいづち」を適宜入れながら話を聴くこと、「閉ざされた質問（クローズドクエスチョン）」「開かれた質問（オープンクエスチョン）」を効果的に組み合わせること、相手の話を簡潔

にまとめて返す「要約」により話の流れを整理するなど、**カウンセリングスキル**の活用が欠かせません。

　一方、アメリカの心理学者イーガン（1998）は「不十分な傾聴」のチェックポイントとして「過剰な熱心さ（一部分にだけ耳を傾けて熱心に反応してしまう）」「問題の類似性（自分の問題と似ていると、自分の状況にあてはめてしまう）」「相違（共通性のなさが注意を逸らす）」などをあげています。これらを参考に、援助チームの話しあいでは、お互いの話を十分に聴くことができているか、援助対象の子供を中心とした検討がなされているのか、相互に点検をするスキルも重要であると考えられます。

(4)援助チームのコーディネーター

　援助チームが機能するためには、連絡調整の中心となるコーディネーターが必要となります。たとえば、個別の援助チームにおいて、学習面に課題のある事例では学年主任、心身の訴えが多い事例では養護教諭、不登校の事例では教育相談担当やSCなど、子供の問題状況に応じたコーディネーターが機能しています。一方、コーディネーション委員会やマネジメント委員会など、システムレベルのコーディネーターは、副校長（教頭）や教務主任、学年主任、生徒指導主事、特別支援教育コーディネーターなど、学校の**組織体制**に応じた代表者が担っています。今後は、コーディネーターの専門性を担保していくこと、コーディネーターが専門性を発揮しやすい組織体制を整えていくことが課題となっています。

第2節　「チームとしての学校」とチーム援助

(1)「チームとしての学校」における援助チームの位置づけ

　文部科学省（2015）は「チームとしての学校の在り方と今後の改善方策について」（答申）を示しました。ここでは、チームとしての学校（以下チーム学校）が、家庭や地域と組織的に連携・協働し、教育活動の充実を図る重要性について言及されています（図13-1）。さらに、チーム学校の具体的な取り組みとして、

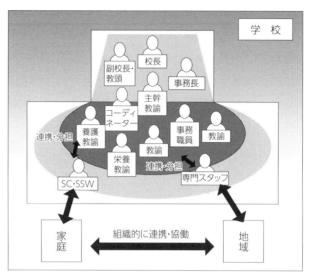

図 13-1 チーム学校のイメージ (石隈, 2018)

「①専門性に基づくチーム体制の構築」「②学校のマネジメント機能の強化」「③教職員一人一人が力を発揮できる環境の整備」が示されています。

　これらの取り組みについて、先に述べた3種類の援助チームに対応させると、「①専門性に基づくチーム体制の構築」とは、SC や SSW などの**専門スタッフ**を「個別の援助チーム」や「コーディネーション委員会」のメンバーとして位置づけ、横の連携を促進していくことといえます。「②学校のマネジメント機能の強化」は、学校の管理・運営を担う職員が「マネジメント委員会」を組織し、縦の連携を強化していくことと考えられます。さらに、縦・横の連携から、チーム学校の組織的な取り組みを支える「③教職員一人一人が力を発揮できる環境の整備」を進めることも重要な視点といえるでしょう。

(2)チーム学校における専門スタッフ

　これまでの学校は、教員中心の組織体制が組まれていました。しかし、近年ではさまざまな領域の専門職が学校に参入し、**多職種連携**・協働の視点から、

学校組織の見直し・改善を図る転換期を迎えています。

　チーム学校における専門スタッフには、①心理や福祉に関する専門スタッフ（SC、SSW）、②授業等において教員を支援する専門スタッフ（ICT支援員、学校司書、ALT等）、③部活動に関する専門スタッフ、④特別支援教育に関する専門スタッフなどがいます。今後は、多様な専門スタッフの活用方法や、それぞれの役割・専門性について学校全体に周知するとともに、専門スタッフと教員の連携・協働の起点となるコーディネーターの育成が急務とされています。

(3)チーム学校における多職種連携に向けて

　保健・医療・福祉領域では、専門職連携実践（以下IPW）が進められており、チーム学校の実現に向けて参考になる部分が多くあります。IPWとは「複数の専門家が、それぞれの知識と技術を提供しあい、相互に作用しつつ、共通の目標の達成を患者・利用者とともに目指す援助活動」と定義されます（柴崎・米岡・古屋, 2019）。この「患者・利用者」の部分を「児童生徒・保護者」に置き換え、教育領域における多職種連携実践と理解することも可能です。さらに、大塚（2014）は、IPWに必要なコンピテンシーとして、「コミュニケーション」「コーディネーション」「マネジメント」などをあげており、チーム学校における多職種連携を実現する上で必要な専門的スキルとも考えられます。

🌱 第3節 ┊ チーム援助の実際：個別援助チームに焦点を当てて

(1)援助チーム会議について

　個別の援助チームでは、コーディネーターが、事前にメンバーの集まる時間と場所を確認し、援助チーム会議を設定します。援助チーム会議では、子供の問題状況について共有し、援助の方針をたて、誰が・いつ・何をするのか具体的な援助案について検討します。言い換えると、子供の援助資源（援助に役立つ人）・**自助資源**（子供の強み）をどのように活用するか、調整を行う場ともいえます。

　一方、学校現場では、必要なメンバーが一堂に介し、定期的に話しあいを行

うことは難しいという声も聞かれます。そのような場合には、直接的な話しあいに加えて、コーディネーターが個々のもつ情報を集約し、連絡・調整を丁寧に進めるなど、間接的な話しあいを組みあわせていくことも可能です。大切なことは、子供の問題状況に関するタイムリーな情報共有がなされること、問題状況に応じた援助方針が検討されること、そしてそれぞれの立場・役割を活かして子供を援助することです。

(2)援助チームにおける子供・保護者の位置づけ

チーム援助を行う際には、当事者である子供本人、そして保護者を援助チームにどう位置づけるかが重要な視点となります。

理由として、第一に子供自身が援助者とともに問題状況の解決に向けて、取り組むことが、子供の問題解決能力・スキルの育成につながるという点です。田村（2017）は、子供参加型チーム援助について、子供の意思決定のプロセスを重視した進め方を示しています。相樂（2012）は、健康相談の枠組みから、生徒が健康課題について援助者とともに話しあうことで、主体的に問題解決に取り組む姿勢が得られることを報告しています。一方、特別支援教育では、子供本人や保護者が、学校側と合理的配慮の提供について検討することが位置づけられています。子供の発達段階に応じて、援助チームに参加できるよう調整することが、今後必要とされるでしょう。

第二に保護者について、わが子を支える「援助者」として援助チームに位置づけることで、学校と家庭の連携が促進され、援助の充実が図れるという点です。ここでは、ともに子供を援助するパートナーとしてお互いを尊重することが大切になるでしょう（田村, 2020）。しかしながら、保護者が援助チームの参加に戸惑いや不安をもつことも少なくありません。保護者が安心感をもって参加できるよう、細やかな配慮や丁寧な連絡調整が必要となります。

（3）チーム援助の事例

【事例】中学2年Aさん

　Aさんは、気分不良や頭痛を訴え、保健室に来室することが続いていた。Aさんは養護教諭に、父親について「勉強をやらないとたたかれる」「姿を見るだけで動悸がする」などと話すようになった。養護教諭はAさんに、安全を守るため母親と担任、関係職員に話の内容を伝える必要があることを説明した。養護教諭はAさんから同意を得た上で、担任と管理職に状況を伝え、間もなく担任、養護教諭、SC、Aさんで集まり、Aさんの家庭状況の確認と母親への連絡について話しあいを行った。Aさんの意向を確認しながら、母親にはSSWと担任から状況を説明してもらうこと、児童相談所に連絡を入れ、心身の安全面を中心に経過をみていくこととした。連携の窓口については、養護教諭が校内関係職員、SCが母親、管理職とSSWが児童相談所と担当を分業し、適宜情報を共有しながら対応した。

　Aさんは、心身の不調を訴えることが続いていたが、欠席をすることはなく、授業にも参加していた。2年生の後半からは、健康相談として担任、SC、養護教諭がAさんの話を聴く場を定期的に設定し、Aさんが安心して生活ができるように配慮した。Aさんからの父親に関する訴えは減り、表情も明るくなり、2年生を終えることができた。

　本事例におけるチーム援助のポイントを3点あげます。第一に、保健室来室が続くAさんの状態からSOSをキャッチし、迅速に援助チームでの対応がなされた点です。Aさんの訴えには、家庭（父親）の問題が含まれていましたが、Aさんから同意を得た上で、必要な援助者と情報を共有し、安全面を最優先に対応する援助チームが形成されました。

　第二に、Aさんの「心身の状態を訴えることができる」という強みを活かし、健康相談の枠組みから、Aさん参加の援助チームが機能した点です。Aさんが、自分の状態を言語化し、チームのメンバーに伝えることで、心身の安定にもつながったことが示唆されます。

　第三に、学校・家庭・関係機関の連携窓口を分業し、多様なメンバーが援助チームに参加できた点です。管理職、養護教諭、SC、SSWがそれぞれの強み

を活かしてコーディネーターを担い、多職種連携を活かしたチーム援助が行われたといえるでしょう。今後も、お互いの専門性を尊重したチーム援助の実践が、必要になると考えられます。　　　　　　　　　　　　（相樂　直子）

　　　　　〈引用・参考文献〉
イーガン, G.　鳴澤實・飯田栄（訳）　1998　熟練カウンセラーをめざすカウンセリング・テキスト　創元社
石隈利紀　1999　学校心理学——教師・スクールカウンセラー・保護者のチームによる心理教育的援助サービス　誠信書房
石隈利紀　2018　チーム学校での効果的な援助——学校心理学の最前線——　水野治久・家近早苗・石隈利紀（編）ナカニシヤ出版　p. iv.
文部科学省　2015　チームとしての学校の在り方と今後の改善方策について（答申）
大塚眞理子　2009　第 1 章 IPW/IPE の理念とその姿　埼玉県立大学（編）IPW を学ぶ——利用者中心の保健医療福祉連携——　中央法規　pp.12-27.
相樂直子・石隈利紀　2012　養護教諭が行う援助チームのコーディネーションの検討——高校における生徒参加型の援助チームの事例を通して——　教育相談研究　49　pp.9-18.
柴崎智美・米岡裕美・古屋牧子（編）　2019　保健・医療・福祉のための専門職連携教育プログラム　地域包括ケアを担うためのヒント　ミネルヴァ書房
田村節子　2020　第 6 章「チーム学校」における保護者との連携　半田一郎（編）スクールカウンセラーと教師のための「チーム学校」入門　日本評論社　pp.73-85.
田村節子・石隈利紀　2017　石隈・田村式 援助シートによる子ども参加型チーム援助——インフォームドコンセントを超えて——　図書文化社

　　　　　〈読者のための読書案内〉
＊半田一郎（編）『スクールカウンセラーと教師のための「チーム学校」入門』日本評論社、2020 年：子供のたちの "生活の場" である学校において、心理職と教師がそれぞれの専門性を発揮し、協働して子供に関わるポイントが解説されています。
＊田村節子・石隈利紀『新版 チーム援助入門——学校心理学・実践編——』図書文化社、2018 年：学校と家庭、地域の関係機関がチームを組み、援助シートを活用して、子供の援助活動を行うための入門編です。
＊日本学校心理学会（編）『学校心理学ハンドブック——「チーム」学校の充実をめざして』教育出版、2016 年：「チーム援助」の理論となる学校心理学の解説書である。チーム学校に関する理解も深まります。

保護者支援とカウンセリング

近年の教師や保育者の職務で重要かつ頭を悩ませるものの1つに**保護者対応**があげられます。国際教員指導環境調査によると、中学校教師の業務でストレスを感じる要因について、「保護者の懸念に対処すること（43.5%）」が2番目に高かったことが報告されています（国立教育政策研究所, 2019）。しかし、いうまでもなく保護者は子供にもっとも影響を与えるおとなであり、**生徒指導提要**（文部科学省, 2011）のなかでも、保護者とのかかわりの重要性は強調されています。子供の**カウンセリング**においても**保護者面接**は支援のなかで重要な役割を担い（村瀬, 2009）、親へのアプローチが創意工夫して積み重ねられてきました。以上の背景より、この章ではカウンセリングの理論や考え方を土台に教師・保育者の「保護者支援」について考えていきたいと思います。

第1節 保護者支援において理解しておきたいこと

（1）保護者の立場の複雑さ

教師や保育者からみて、保護者の立場のあいまいさは支援を混乱させる要因のひとつではないかと筆者は感じています。尾崎（2010）は、障害をもつ子供の親の置かれている立場には、①親自身が支援を受ける**被支援者**、②専門家と協力・協働して子供を支援する**支援協力者**、③子供を支援する**支援者**という3つの立場があり、親のさまざまな立場と役割によって支援のあり方が異なってくると述べています。このことは、ほかの保護者に対してもあてはまる考え方でもあります。そしてさらにこのような立場は少しずつ重なり、時にはその側面の濃淡が保護者自身も無自覚的に入れ替わります。このような保護者の立場の複雑さや流動性について理解をしておきましょう。

（2）学校と関わる際の保護者の背景

　保護者は多くの場合、教師や保育者に本音を言いにくく、遠慮をしてしまいがちであり、その一方何か伝える際には逆に極端な言い方、感情的になる場合もあります。とくに子供に困難が生じている場合はより顕著となります。また、保護者は自身の子育てを非難されることへの不安を、教師や保育者が想像しているよりも強く抱いている場合があります。このような学校や園と関わる保護者の不安や葛藤、背景を想像し、理解することは、保護者との信頼関係を築き、維持するために重要なことと考えられます。

（3）子供の理解のずれの生じやすさ

　保護者と教師・保育者は子供の理解のずれが生じやすい関係でもあります。当然ですがそれぞれ異なる場面で子供と関わることに加え、子供自身も場面や状況に応じて見せる姿が変わります。さらに子供に何か適応上の問題が生じている場合には容易に「悪者探し」に陥りやすく、対立関係となります。このような際はどちらかのとらえ方が正しい、誤りではなく、保護者と粘り強く子供の理解を擦りあわせる必要があります。

　筆者が発達障害をもつ児童の保護者を対象に行った面接調査では、教師が保護者の意見を取り入れ、柔軟な子供理解や多面的な理解を行うことは、保護者の協力的な態度へとつながる一方で、固定的な子供理解、すなわち「～くんは○○だ」や「○○に違いない」と教師が子供をきめつけているように保護者が感じるケースでは学校に対する否定的な態度へつながっていました（平田, 2018）。以上のことから、保護者と教師・保育者間の関係は、ずれが生じやすい関係であるということを理解しておくこと、また保護者から子供について学ぶ、教えてもらうという姿勢は保護者との円滑な関係作りに役立つだけではなく、教師自身の子供理解を広げることにつながります。

（4）自身の生育経験や家族観のふり返り

　相手の気持ちを理解するための基本的な心構えのひとつに自分の行動や気持

ちの癖を知ることがあげられます（西，2010）。教師や保育者の行う保護者支援
において同様に重要な理由として、親や家族を理解して対応することは、教師
や保育者自身の家族観や生育歴上の経験が保護者へのかかわりへ大きく影響を
与える可能生があるということを自覚しておくことです。家族はそれぞれ独自
の文化をもち、個別性が大きいものであるため、自身の価値観や家族観と合わ
ないものは直感的・感覚的に理解が難しく、時には受け入れがたいこともあり
ます。また近年の多様な価値観、家族のあり方を考えるとそのような場面に遭
遇することはなおさら多いと考えられます。そのため自身の家族観や生育経験
をふり返って考えてみることは、自分にとっての当たり前を少し冷静に見つめ
て、理解が難しい保護者や家族と感情的にならずに落ち着いて関わる際に重要
なことといえます。

🌱 第2節 ┊ 保護者への支援

（1）保護者とのコミュニケーション

① 細やかかつ確実なコミュニケーション

　細やかかつ確実なコミュニケーションは日々の信頼関係構築の基盤となるも
のです。とくに年度のはじめなど保護者は学校にどのようにアクセスしたらよ
いか迷う場合が多いようです。そのため、連絡の方法などをあらかじめ伝えて
おくとよいでしょう。地道な日常のやりとりこそ、信頼関係にとって重要です。

② 積極的な関心とフィードバック

　保護者が知りえない園や学校での子供の成長、頑張りや長所など肯定的な面
や変化を積極的にフィードバックしましょう。カウンセリングのなかにおいて
も近年はより積極的に**共感**を表し、肯定的に関わっていく力強く温かな態度が
推奨される動きが強まっています（Wachtel，2014）。子供の小さな変化や努力を
保護者に対して積極的に伝えることは教師や保育者の子供への積極的な関心や
注目を伝えることとなり、保護者自体の支援のみならず子供の教育や保育を
行っていく上で大事なことでもあると考えられます。また同様に保護者に対し

ても日々の子育てのねぎらいや努力をフィードバックすることも大切です。

③ 当事者目線での表現

発達障害、虐待、不登校などの言葉の使用は慎重である必要があります。はっきりと伝えないといけない場面もあり、また隠す必要はありません。しかし、知識や経験がない場合、個々の言葉のネガティブなイメージが先行してしまいやすい言葉でもあります。安易な言葉の使用により、保護者との関係が一気に硬直化するだけではなく、子供にとって必要な支援を行うことも難しくなります。保護者へ伝える言葉は、常に子供や保護者の視点からその言葉がどのようにとらえられるか、という当事者の目線で用いることが重要です。

(2)保護者の話を聴く際の工夫

カウンセリングにおいては、時間や場所は「枠」や「治療構造」といった言葉で、非常に重要なものと考えられています。どのような環境・時間設定であれば話し手が落ち着いて、話ができるかという視点から、面談の時間設定、話をする場所に関しても意図的に整える必要があります。たとえば仕事をしている保護者に対して仕事中の時間を提案する、子供のいる廊下の立ち話で大切な話を済ませてしまうなど、伝え方や内容ではなく時間や場所だけで保護者は落ち着いて話がしづらくなる可能性もあります。場合によっては邪険に扱われたととらえられる可能性もあります。また、可能なかぎり前もって約束をする、予定を伝えることで、保護者も教師や保育者とのやりとりに十分な準備ができるでしょう。

そして保護者支援においてとくに重要なことは、やはり保護者の話を聴くことです。吉良（2014）は、カウンセラーの基本姿勢として「からだの正面で受け止める」という表現で、クライエントと対面しながら感じ、受け止め、考え、伝えること、さらに稚拙であったとしても自分のもっている力でクライエントに援助者として関わろうという心構えの大切さを述べています。また保護者の話を聴く際に心がけたいことは、保護者のそれまでの子育てに敬意を払うことです（小俣，2009）。目の前にいる保護者がその保護者なりに子供を育ててきた

歴史を想像することは、保護者への自然な敬意や**共感**へつながります。とくに支援を受けてきた子供の場合は、可能であれば支援歴を簡略にでも聞かせてもらうと、子供についてより詳細に理解できるだけではなく、保護者のそれまでの困難や苦労、努力について理解を深めることに役立ちます。

　最後に留意しておきたいことは、教師や保育者として保護者と関わる多くの場合は現実的な子供への対応と話を聴くこととのバランスが非常に重要ということです。そのため、ただ受容的態度で聞くだけではなく、頭のなかで話の内容をイメージしながら具体的に聞くことで、より詳細に疑問点、確認すべき点をもちながら聞くことができ、質問を重ねることで対話を深めることができます。そして具体的に動く必要があること、解決できること、変えられることを適切に見極めつつ、しっかりと保護者の話を聴くことが大切です。

（3）家族を含めた背景の理解

　保護者は当然、家族の構成員であり、保護者－教師・保育者といった単純な二者関係ではありません。そのため、多くの場合、そのほかの家族の影響を少なからず受けることとなります。とくに、子供の担任への態度や気持ちは保護者自身との信頼関係と関連する場合があります。子供と自身がどのような関係を築くことができているのか、あらためて考えてみましょう。

　また、保護者（たとえば母親）と関わる際に留意しておきたいことが、その場にいない家族（たとえば父親）の意見や考えです。目の前にいる保護者とは子供をめぐるさまざまなことを共有できていたとしても、ほかの家族の構成員の影響によって目の前にいる保護者が板挟みの状況となることは少なくありません。保護者へ関わる際には家族全体を含めた俯瞰的な視点をもつ必要があります。

第3節　「チーム学校」による学校内外を含めた保護者支援

（1）チームによる保護者支援の重要性

　現在、とくに学校においては基本的にチーム学校（中央教育審議会，2015）に

よる支援が重要視されています。保護者に対しても学校システムとして関わることで、より適切かつ効果的な支援を行うことができます。筆者の面接調査においても学校システムとして保護者に関わること、すなわち担任だけではなく管理職や養護教諭なども含めて関わることが、保護者と担任間の連携を促進する要因となっていました。しかし教員によって言うことや対応が異なることは、保護者との連携を抑制する要因となっていました（平田，2015）。このような点から保護者支援においても無理のない範囲で共通理解や対応の統一を図ることが望ましいでしょう。

　一方、保護者に対して学校関係者が複数人で面談や話しあいを行う際は、こちらが考えているよりも保護者は圧迫感を感じます。複数人で相対する際の保護者の話しづらさや、学校へ思いや考えを伝えることを躊躇する心情を理解し、可能なかぎり保護者の話しやすい場作りに努めます。

（2）スクールカウンセラーやスクールソーシャルワーカーとの連携

　保護者支援においても、**スクールカウンセラー**（以下：ＳＣ）や**スクールソーシャルワーカー**（以下：ＳＳＷ）など異なる専門性をもつ他職種と効果的に連携を行うことが重要です。たとえば担任にとって、関係が作りづらい保護者をどのようにとらえ、関わっていけばよいか、また逆に保護者から見ると担任には話しづらいさまざまな事情がある場合もあります。実際にＳＣは面接などを通した個人の心理発達面の見たてを得意としていますし、ＳＳＷは具体的に保護者が利用可能な福祉制度へとつなげることができます。このような他職種との積極的な連携を行うことで、教師・保育者としての保護者自身の理解や対応の幅をより広げることにもつながります。そして保護者にとっても学校のなかに関わることができるチャンネルが増えることで、学校に対する安心感へつながる可能性があります。

（3）学校外の他専門機関を紹介する場合の留意点

　医療機関や福祉機関などほかの専門機関を保護者に紹介する際、学校や園は

問題や必要性を感じているが、保護者があまり（必要性を）感じていない場合にはとくに留意が必要です。保護者が子供のことで専門機関を紹介される、提案される際に不安を感じることは親として自然な反応です。教師・保育者は既知の機関であっても保護者にとっては当然はじめてであり、具体的にイメージできない場合が多いでしょう。保護者は子供に問題があるから紹介されたと漠然と否定的にとらえてしまいがちです。保護者が専門機関を利用する際の不安や迷い、困惑に対して丁寧に寄り添い、時間をかけて一つひとつの疑問や不安な点に応えます。どうして専門機関へ行くことを提案しているのか、利用を通して子供や保護者にとってどのようなことが期待できるのかなど、学校や園が専門機関の利用を勧めた意図や目的を学校や園のもつ子供に関する事実と見たてに基づいて丁寧に説明を行います。併せて学校でできることに引き続き取り組む旨を伝え、学校だけではない多くのネットワークにより支援を行うことを理解してもらいます。また、保護者の許可を得た上で、学校での様子について適切に共有を行い、紹介して終わりとならないことが大切です。

🌱 第4節　ま　と　め

　保護者と教師や保育者のあいだで子供の理解を共有していき、コミュニケーションを重ね、子供への思いを擦りあわせていくことで、子供の成長を一緒に目指す関係を築くことができると、保護者は教育・保育において心強いパートナーとなります。一方で保護者と関わる際はとくに教師や保育者はより専門性、社会性、人間性を厳しく問われることを自覚し、自身の教育・保育実践を内省的・批判的に検討し、保護者へ伝える努力を重ねることが求められます。

　子供たちをともに育てる保護者と向きあう際にカウンセリングの考え方や技術が少しでも役立てばと思います。

（平田　祐太朗）

〈引用・参考文献〉

中央教育審議会　2015　これからの学校教育を担う教員の資質能力の向上について〜学び合い、高め合う教員育成コミュニティの構築に向けて〜　（答申）

平田祐太朗　2015　スクールカウンセラーのとらえる発達障害児童の保護者・教員間の協働に関する質的分析　臨床心理学　15　517-529.

平田祐太朗　2018　発達障害児童をもつ保護者は学校との関わりをどのように体験しているのか　臨床心理学　18　229-240.

吉良安之　2015　カウンセリング実践の土台づくり――学び始めた人に伝えたい心得・勘どころ・工夫――　岩崎学術出版社

国立教育政策研究所編　2019　教員環境の国際比較：OECD 国際教員指導環境調査（TALIS）2018 報告書――学び続ける教員と校長――　ぎょうせい

文部科学省　2010　生徒指導提要　教育図書

村瀬嘉代子　2009　大人と子どもの架け橋――心理療法の原則と過程――　金剛出版

西見奈子　2010　子どもとかかわる人のためのカウンセリング入門　萌文書林

小俣和義　2015　親子面接の進め方――子どもと親をつなぐ心理臨床――　金剛出版

尾崎康子　2010　家族への支援　2　親への支援　尾崎康子他（編）　よくわかる障害児保育　ミネルヴァ書房　p.p.160-161

ワクテル,P.L.　杉原保史（訳）　2014　心理療法家の言葉の技術――治療的コミュニケーションをひらく　第2版　金剛出版

〈読者のための読書案内〉

＊滝川一廣　子どものための精神医学　医学書院、2017 年：子供の難しさだけではなく、「育てる側の難しさ」についてわかりやすい言葉で整理されており、現代の保護者が子育てのなかで抱える難しさについて学ぶことができます。

＊小俣和義　親子面接の進め方　金剛出版、2015 年：親子の支援について、より専門的な親子面接の進め方や考え方が理論や事例に基づき解説されています。親子の支援をカウンセラーが進めていくことに関する具体的な方法、考え方を学ぶことができます。

＊東山紘久　プロカウンセラーの聞く技術　創元社、2000 年：ベテランカウンセラーの「聞く技術」についてとてもわかりやすく説明されているので、普段の日常生活に応用できる考え方も多く、カウンセリングをイメージしやすい本です。

教師・保育者の自己成長とカウンセリング

第1節 : 教師・保育者に求められるもの

(1)公的文書にみる教員・保育士の資質能力

「教育は人なり」という言葉があるように、「教師・保育者の**資質能力**向上」は、時代を超えて教育・保育の世界での大きなテーマとなってきました。教員の資質能力向上に関しては中央教育審議会答申でたびたび取り上げられています。中央教育審議会（2012）では、「これからの教員に求められる資質能力」として以下のように述べられています。

> 1．教職に対する責任感、探究力、教職生活全体を通じて自主的に学び続ける力（使命感や責任感、教育的愛情）
> 2．専門職としての高度な知識・技能
> （1）教科や教職に関する高度な専門的知識（グローバル化、情報化、特別支援教育その他の新たな課題に対応できる知識・技能を含む）
> （2）新たな学びを展開できる実践的指導力（基礎的・基本的な知識・技能の習得に加えて思考力・判断力・表現力等を育成するため、知識・技能を活用する学習活動や課題探究型の学習、協働的学びなどをデザインできる指導力）
> （3）教科指導、生徒指導、学級経営等を的確に実践できる力
> 3．総合的な人間力（豊かな人間性や社会性、コミュニケーション力、同僚とチームで対応する力、地域や社会の多様な組織等と連携・協働できる力）

一方、保育士の資質能力については、「保育所の保育士に求められる主要な知識及び技術」として、『保育所保育指針解説』（厚生労働省，2018）で以下のように述べられています。

（2）教師の４ぢから

筆者は、これまでの諸研究や教員養成大学教員としての経験をふまえ、教師・保育者に求められる資質能力を、「**教師の４ぢから**」と表現しています（会沢, 2016；2019）

① 伝える力（授業力）

「教師は授業で勝負する」といわれます。養護教諭、栄養教諭や管理職を除くほとんどの教員にとって、専門職としての中核をなす仕事が授業です。新学習指導要領（小・中学校は2017年、高等学校は2018年告示）で「主体的、対話的で深い学び」がうたわれ、さらにコロナ禍でオンライン授業が普及したことから、これからの教師の役割についてはさまざまな議論がなされています。しかし、教師の仕事から「教える」「伝える」ことが消えることは絶対にありません。また、幼稚園や保育所では授業こそ行いませんが、保育者にとっても、さまざまな活動のなかで「教える」「伝える」役割が欠かせないのは同じです。

② まとめる力（学級・ホームルーム経営力）

コロナ禍において、学校の役割が根本から問い直されています。しかし、学校が、「子供たちが集まって学ぶ場」であることは、これからも変わらないだ

ろうと予想されます。今後は学級やホームルームのあり方も見直されるかもしれませんが、教師の役割の1つとして、「集団をまとめる」ことが求められることは、今後も変化はないと思われます。また、幼稚園や保育所も集団で保育する場であることから、「まとめる力」が求められることは保育者も変わりません。

③ ケアする力（個別支援力）

一方で、学校や保育所では、さまざまな課題を抱えた子供たちがいます。カウンセリングが担ってきたのは、まさにこれらの子供たちを「ケアする」役割でした。そして、このような子供たちの多くは、ほかの子供と一緒に学級・ホームルームに在籍しています。したがって、学級・ホームルーム担任として、あるいは授業担当者として、教師や保育者にもこれらの子供たちを「ケアする力」が求められます。しかし、大きな課題を抱えていなくても、子供たちは一人ひとりそれぞれ異なったニーズをもっています。とくにコロナ禍のような状況では、これまで以上に一人ひとりに応じた支援が求められるようになると思われます。

④ つながる・つなげる力（連携力）

これからの学校の大きな流れの1つが、2015（平成27）年の中央教育審議会答申（中央教育審議会, 2015a）で出された「チーム学校」です。これを受け、同時に出された答申（中央教育審議会, 2015b）では、「『チーム学校』の考えの下、多様な専門性を持つ人材と効果的に連携・分担し、組織的・協働的に諸課題の解決に取り組む力の醸成が必要である」と述べられています。まさに、これからの教師には、子供だけでなく、同僚、保護者、地域住民、関係機関と「つながる・つなげる力」が求められているといえるでしょう。

第2節 「教師の4ぢから」とカウンセリング

さて、「教師の4ぢから」に共通するものは何でしょうか。それを探るために、まずは「カウンセリング」について考えてみます。國分康孝（1979）は、

カウンセリングを「言語的および非言語的コミュニケーションを通して、行動の変容を試みる人間関係」と定義しています。カウンセリングとは、「言語的および非言語的コミュニケーション」を手段とし、「行動の変容を試みる（相手を援助する）」ことを目的とした「人間関係」のあり方である、ということです。端的に言えば、「コミュニケーションを通した援助」こそがカウンセリングの本質ではないかと、筆者は考えています。

　そう考えると、「教師の4ぢから」とカウンセリングとは、きわめて近い関係にあるということができます。本書で紹介したカウンセリングの考え方、理論、技法のなかに、実は「教師の4ぢから」を高めるヒントがふんだんに隠されているのです。

　カウンセリングでは、2章などでも述べたように「**リレーション**」や「**ラポール**」と呼ばれる、クライエントとカウンセラーとの信頼関係を何よりも重視します。これがなければ、クライエントは安心してカウンセラーに心を開くことなどできないからです。筆者は、子供と教師または保育者においてもまったく同じだと考えています。

　相手に何かを「伝え」（子供がそれを受け止めて理解し）、それぞれ違った思考・感情・行動を有する子供たちを「まとめ」（子供が教師・保育者を中心にまとまり）、課題を抱えた子供を「ケア」し（子供が教師・保育者の支援を受け容れ）、やはり異なった思考・感情・行動を有する同僚や保護者と「つながる」（同僚や保護者と協力関係で結ばれる）ためには、何よりも、教師・保育者と相手（子供、同僚、保護者）とのあいだにリレーション（ラポール）が築かれていなくてはなりません。教師や保育者がカウンセリングを学ぶことで、相手とのあいだにリレーション（ラポール）を築くための方法やコツを身につけることができるのです。

　なお、諸富（2013）は、教師の資質の1つとして、「知らない人とも、短時間のうちに心を通いあわすことができる『人間関係のプロフェッショナル』であること」を指摘しています。「教師は教科指導のプロである以前に、人間関係のプロでなくてはならない」とも述べています。

第3節　教育分析、自己覚知、リフレクション

(1)教 育 分 析

　教師・保育者が「人間関係のプロ」であるためには、教師・保育者が自分自身のあり方（価値観、パーソナリティーなど）に目を向けることが必要です。コミュニケーションはあくまでも相互作用であり、自分自身のあり方が必ず相手に影響を与えるからです。

　かねてより、精神分析を中心とする心理臨床においては、精神分析家、心理臨床家自身が精神分析や心理療法を受ける、**教育分析**を重視してきました。教育分析について、滝口（2011）は以下のように述べています。

　　　「生きている人間であるクライエントを相手に、働きかける道具として治療者
　　　自身を用いるのが心理療法である。クライエントの感情や欲求を受け止める自
　　　分自身のこころを知っていなければ、クライエントを深く理解することはでき
　　　ないのである。
　　　　クライエントの問題は、治療者自身のこころを理解している深さと幅の程度
　　　にしか理解できないので、心理臨床に携わる者は自分自身を知っていることが
　　　不可欠であり、自分のこころを拡大する努力を怠ってはならない。」

　「治療者」を教師・保育者に、「クライエント」を子供（園児、児童、生徒、学生）に、「心理臨床」を教育・保育に、それぞれ置き換えてみてください。教師・保育者にもまったく同じことがいえると筆者は考えています。

(2)自 己 覚 知

　社会福祉実践（ケースワーク）では、かねてより援助者の**自己覚知**が重要であると指摘されてきました。空閑（2013）は、自己覚知について以下のように述べています。

　　　「援助者が自己の価値観や感情などについて理解しておくこと。援助職に共通

して求められる。人は誰かに関わる際に、自己の価値観などを基準にして、その人をみることが多い。しかし、援助者がクライエントに関わる際に、自らの価値観や偏見、先入観を基準にしたままでは、クライエントを正しく理解できないばかりか、信頼関係の構築の妨げにもなりかねない。自己覚知は、援助者としての自らの専門性の維持、向上のために、またクライエントとの援助関係構築のためにも必要不可欠である。スーパービジョンや研修などの機会を利用するなどして、自己覚知に努めることが求められる。」

　教師・保育者は「指導者」としての側面だけでなく、「対人援助者」としての側面も有しています。つまり、社会福祉における専門職と同様、教師・保育者にも自己覚知が求められるといえます。

(3)リフレクション

　近年、教師をはじめとするさまざまな専門職の条件として、既存の専門知識を駆使して問題を解決する「技術的熟達者」像から、行為や経験をふり返りつつ学び続ける「反省的実践家」像への転換が語られてきました（佐藤, 2015）。そして、授業をはじめとする教育実践の質を高めるためには、「**リフレクション**（省察、反省、内省）」が重要であると指摘されるようになってきました（ネットワーク編集委員会, 2019）。

　一方、新学習指導要領では、「主体的・対話的で深い学び」に向けた授業改善の手だてとして、「**振り返り**」の重要性が強調されています。筆者は、「リフレクション」と「振り返り」はほぼ同義であると理解しています。

　一般には、自身の行為や実践に対してリフレクションを行うことが、実践（授業など）の質の向上につながると考えられています。しかし、教師・保育者には、リフレクションを通して、自分自身のあり方についてまで目を向けることが何よりも重要です。

第4節　教師・保育者の自己理解を深めるカウンセリング

　先ほど、「『コミュニケーションを通した援助』こそがカウンセリングの本質」であると述べました。そして、カウンセリングの特質をもう1点あげるとすれば、心理臨床やケースワークと同様、カウンセラーの人格的要素（価値観、パーソナリティーなど）が大きな影響を及ぼすということです。

　したがって、カウンセリングでは、心理臨床やケースワークと同じように、援助者（カウンセラー）の自己理解をとても重視します。カウンセリングには数多くの流派が存在しますが、そのほとんどの理論体系や技法のなかに、援助者自身の自己理解を深める要素が含まれています。したがって、カウンセリングの理論や技法を学ぶこと、それらを用いてロールプレイなどの実践演習を行うこと、さらに、カウンセリングを実践すること自体が、援助者の自己理解を深める役割を果たすのです。

　「○○に王道無し」といいますが、私は、「教師・保育者（志望者）が自己理解を深めること」の王道は存在すると確信しています。それは、カウンセリングを学ぶことにほかなりません。読者のみなさんが、カウンセリングを学ぶことで、教師・保育者としての成長を目指して一緒に歩み続けてくださることを願っています。

（会沢　信彦）

〈引用・参考文献〉

会沢信彦　2016　いま、教師に求められる力とは　会沢信彦・田邊昭雄（編）　学級経営力を高める教育相談のワザ13　学事出版　pp.10-17.

会沢信彦　2019　学校における教育相談の意義と課題　会沢信彦（編）　教育相談の理論と方法　北樹出版　pp.12-21.

中央教育審議会　2012　教職生活の全体を通じた教員の資質能力の総合的な向上方策について（答申）

中央教育審議会　2015a　チームとしての学校の在り方と今後の改善方策について（答申）

中央教育審議会　2015b　これからの学校教育を担う教員の資質能力の向上について～学び

合い、高め合う教員育成コミュニティの構築に向けて～（答申）

國分康孝　1979　カウンセリングの技法　誠信書房

厚生労働省　2018　保育所保育指針解説　フレーベル館

空閑浩人　2013　自己覚知　山縣文治・柏女霊峰（編集代表）　社会福祉用語辞典──福祉新時代の新しいスタンダード──　第9版　ミネルヴァ書房　p.125.

諸富祥彦　2013　教師の資質──できる教師とダメ教師は何が違うのか？──　朝日新聞出版

ネットワーク編集委員会（編）　2019　リフレクション大全　授業づくりネットワーク No.31（通巻339号）　学事出版

佐藤学　2015　専門家として教師を育てる──教師教育改革のグランドデザイン──　岩波書店

滝口俊子　2011　教育分析　日本心理臨床学会（編）　心理臨床学事典　丸善出版　pp.126-127.

〈読者のための読書案内〉

＊**河合隼雄　子どもと学校　岩波書店、1992年**：わが国における臨床心理学の泰斗による教育論。「教えると育つ」「個性とは」「管理と表現」「自立と依存」など、教育における根本問題を、心理療法家としての立場から論じています。

＊**諸富祥彦　教師の資質──できる教師とダメ教師は何が違うのか？──　朝日新聞出版、2013年**：教育カウンセリングの第一線で活躍する著者が、タイトルの通り「教師の資質」についてズバリ切り込んだ本。教師の基本的な資質はミッション、パッション、リスポンシビリティの3つであると説いています。

＊**苫野一徳　教育の力　講談社、2014年**：新進気鋭の哲学者である著者が、歴史をふまえ、教育の目的やこれからの学校のあり方について論じています。また、教師のあり方として「信頼と承認」「ケアと忍耐」の重要性を指摘しています。

索　引

——————————— ＊ **執筆者紹介** （執筆順） ＊ ———————————

宮崎　圭子 （みやざき　けいこ） （第 1 章） 跡見学園女子大学心理学部　教授

杉山　雅宏 （すぎやま　まさひろ） （第 2 章） 埼玉学園大学大学院心理学研究科　教授

本田　真大 （ほんだ　まさひろ） （第 3 章） 北海道教育大学函館校　准教授

大野　雄子 （おおの　ゆうこ） （第 4 章） 千葉敬愛短期大学現代子ども学科　教授

大竹　直子 （おおたけ　なおこ） （第 5 章） 千葉大学総合安全衛生管理機構　カウンセラー

田中　志帆 （たなか　しほ） （第 6 章） 文教大学人間科学部　教授

山口　麻美 （やまぐち　まみ） （第 7 章） 東京都公立学校スクールカウンセラー

田副　真美 （たぞえ　まみ） （第 8 章） ルーテル学院大学総合人間学部　教授

泉水　紀彦 （せんすい　としひこ） （第 9 章） 埼玉学園大学人間学部　専任講師

榎本　拓哉 （えのもと　たくや） （第 10 章） 東海学院大学人間関係学部　専任講師

渡辺　友香 （わたなべ　ゆか） （第 11 章） KIDS カウンセリング・システム

三浦　文子 （みうら　ふみこ） （第 12 章） 文教大学人間科学部　専任講師

相樂　直子 （さがら　なおこ） （第 13 章） 宮城大学看護学研究科　准教授

平田　祐太朗 （ひらた　ゆうたろう） （第 14 章） 鹿児島大学法文学部　准教授

会沢　信彦 （あいざわ　のぶひこ） （編者、第 15 章） 文教大学教育学部　教授

編者紹介

会沢　信彦（あいざわ　のぶひこ）　文教大学教育学部教授・発達教育課程長

1965（昭和40）年、茨城県水戸市生まれ。
筑波大学第一学群人文学類卒業、同大学院教育研究科修士課程修了、立正大学大学院文学研究科博士課程満期退学。
函館大学専任講師を経て、現職。
著書に、『教育相談の理論と方法』（編著、北樹出版）、『学級経営力を高める教育相談のワザ13』（共編著、学事出版）、『不登校の予防と対応』（共編著、図書文化社）、『生徒指導・進路指導の理論と方法』（編著、北樹出版）など。

教師・保育者のためのカウンセリングの理論と方法

2021年9月15日　初版第1刷発行

編著者　会沢　信彦

発行者　木村　慎也

カバーデザイン／北樹出版装幀室　　印刷・製本　モリモト印刷

発行所　株式会社　北樹出版

〒153-0061　東京都目黒区中目黒1-2-6
URL : http://www.hokuju.jp
電話(03)3715-1525(代表)　FAX(03)5720-1488